全国普法学习读本
★ ★ ★ ★ ★

最新行政与科技法律法规读本

行政处罚法律法规学习读本
行政处罚综合法律法规

叶浦芳 主编

加大全民普法力度，建设社会主义法治文化，树立宪法法律至上、法律面前人人平等的法治理念。
——中国共产党第十九次全国代表大会《决胜全面建成小康社会 夺取新时代中国特色社会主义伟大胜利》

汕头大学出版社

图书在版编目（CIP）数据

行政处罚综合法律法规 / 叶浦芳主编. -- 汕头：汕头大学出版社，2023.4（重印）

（行政处罚法律法规学习读本）

ISBN 978-7-5658-2516-3

Ⅰ. ①行… Ⅱ. ①叶… Ⅲ. ①行政处罚法-中国-学习参考资料 Ⅳ. ①D922.112.4

中国版本图书馆 CIP 数据核字（2018）第 035082 号

行政处罚综合法律法规 XINGZHENG CHUFA ZONGHE FALÜ FAGUI

主　　编：叶浦芳
责任编辑：邹　峰
责任技编：黄东生
封面设计：大华文苑
出版发行：汕头大学出版社
　　　　　广东省汕头市大学路 243 号汕头大学校园内　邮政编码：515063
电　　话：0754-82904613
印　　刷：三河市元兴印务有限公司
开　　本：690mm×960mm 1/16
印　　张：18
字　　数：226 千字
版　　次：2018 年 5 月第 1 版
印　　次：2023 年 4 月第 2 次印刷
定　　价：59.60 元（全 2 册）

ISBN 978-7-5658-2516-3

版权所有，翻版必究
如发现印装质量问题，请与承印厂联系退换

前　言

习近平总书记指出："推进全民守法，必须着力增强全民法治观念。要坚持把全民普法和守法作为依法治国的长期基础性工作，采取有力措施加强法制宣传教育。要坚持法治教育从娃娃抓起，把法治教育纳入国民教育体系和精神文明创建内容，由易到难、循序渐进不断增强青少年的规则意识。要健全公民和组织守法信用记录，完善守法诚信褒奖机制和违法失信行为惩戒机制，形成守法光荣、违法可耻的社会氛围，使遵法守法成为全体人民共同追求和自觉行动。"

中共中央、国务院曾经转发了中央宣传部、司法部关于在公民中开展法治宣传教育的规划，并发出通知，要求各地区各部门结合实际认真贯彻执行。通知指出，全民普法和守法是依法治国的长期基础性工作。深入开展法治宣传教育，是全面建成小康社会和新农村的重要保障。

普法规划指出：各地区各部门要根据实际需要，从不同群体的特点出发，因地制宜开展有特色的法治宣传教育坚持集中法治宣传教育与经常性法治宣传教育相结合，深化法律进机关、进乡村、进社区、进学校、进企业、进单位的"法律六进"主题活动，完善工作标准，建立长效机制。

特别是农业、农村和农民问题，始终是关系党和人民事业发展的全局性和根本性问题。党中央、国务院发布的《关于推进社会主义新农村建设的若干意见》中明确提出要"加强农村法制建设，深入开展农村普法教育，增强农民的法制观念，提高农民依法行使权利和履行义务的自觉性。"多年普法实践证明，普及法律知识，提高法制观念，增强全社会依法办事意识具有重要作用。特别是在广大农村进行普法教育，是提高全民法律素质的需要。

多年来，我国在农村实行的改革开放取得了极大成功，农村发生了翻天覆地的变化，广大农民生活水平大大得到了提高。但是，由于历史和社会等原因，现阶段我国一些地区农民文化素质还不高，不学法、不懂法、不守法现象虽然较原来有所改变，但仍有相当一部分群众的法制观念仍很淡化，不懂、不愿借助法律来保护自身权益，这就极易受到不法的侵害，或极易进行违法犯罪活动，严重阻碍了全面建成小康社会和新农村步伐。

为此，根据党和政府的指示精神以及普法规划，特别是根据广大农村农民的现状，在有关部门和专家的指导下，特别编辑了这套《全国普法学习读本》。主要包括了广大人民群众应知应懂、实际实用的法律法规。为了辅导学习，附录还收入了相应法律法规的条例准则、实施细则、解读解答、案例分析等；同时为了突出法律法规的实际实用特点，兼顾地方性和特殊性，附录还收入了部分某些地方性法律法规以及非法律法规的政策文件、管理制度、应用表格等内容，拓展了本书的知识范围，使法律法规更"接地气"，便于读者学习掌握和实际应用。

在众多法律法规中，我们通过甄别，淘汰了废止的，精选了最新的、权威的和全面的。但有部分法律法规有些条款不适应当下情况了，却没有颁布新的，我们又不能擅自改动，只得保留原有条款，但附录却有相应的补充修改意见或通知等。众多法律法规根据不同内容和受众特点，经过归类组合，优化配套。整套普法读本非常全面系统，具有很强的学习性、实用性和指导性，非常适合用于广大农村和城乡普法学习教育与实践指导。总之，是全国全民普法的良好读本。

目 录

中华人民共和国行政处罚法

第一章　总　则 …………………………………………… (2)
第二章　行政处罚的种类和设定 ………………………… (3)
第三章　行政处罚的实施机关 …………………………… (4)
第四章　行政处罚的管辖和适用 ………………………… (5)
第五章　行政处罚的决定 ………………………………… (6)
第六章　行政处罚的执行 ………………………………… (10)
第七章　法律责任 ………………………………………… (12)
第八章　附　则 …………………………………………… (13)

附　录

　　价格行政处罚程序规定 ………………………………… (14)
　　计量违法行为处罚细则 ………………………………… (26)
　　安全生产违法行为行政处罚办法 ……………………… (34)
　　商务部行政处罚实施办法（试行） …………………… (54)
　　国土资源行政处罚办法 ………………………………… (60)
　　中华人民共和国海上海事行政处罚规定 ……………… (70)
　　城乡规划违法违纪行为处分办法 ……………………… (106)
　　国土资源部办公厅关于严格管理防止违法违规征地的
　　　紧急通知 …………………………………………… (113)
　　关于进一步加强和规范对违反国土资源管理法律法规行为
　　　报告工作的意见 …………………………………… (116)

— 1 —

国家税务总局关于修订税务行政处罚（简易）
执法文书的公告 ………………………………………（120）

中华人民共和国行政强制法

第一章　总　则 ………………………………………（121）
第二章　行政强制的种类和设定 ……………………（123）
第三章　行政强制措施实施程序 ……………………（124）
第四章　行政机关强制执行程序 ……………………（129）
第五章　申请人民法院强制执行 ……………………（134）
第六章　法律责任 ……………………………………（136）
第七章　附　则 ………………………………………（138）

中华人民共和国行政处罚法

中华人民共和国主席令

第六十三号

《中华人民共和国行政处罚法》已由中华人民共和国第八届全国人民代表大会第四次会议于1996年3月17日通过，现予公布，自1996年10月1日起施行。

中华人民共和国主席　江泽民
1996年3月17日

（1996年3月17日第八届全国人民代表大会第四次会议通过；根据2009年8月27日第十一届全国人民代表大会常务委员会第十次会议《关于修改部分法律的决定》第一次修正；根据2017年9月1日第十二届全国人民代表大会常务委员会第二十九次会议《关于修改〈中华人民共和国法官法〉等八部法律的决定》第二次修正）

第一章　总　则

第一条　为了规范行政处罚的设定和实施，保障和监督行政机关有效实施行政管理，维护公共利益和社会秩序，保护公民、法人或者其他组织的合法权益，根据宪法，制定本法。

第二条　行政处罚的设定和实施，适用本法。

第三条　公民、法人或者其他组织违反行政管理秩序的行为，应当给予行政处罚的，依照本法由法律、法规或者规章规定，并由行政机关依照本法规定的程序实施。没有法定依据或者不遵守法定程序的，行政处罚无效。

第四条　行政处罚遵循公正、公开的原则。设定和实施行政处罚必须以事实为依据，与违法行为的事实、性质、情节以及社会危害程度相当。

对违法行为给予行政处罚的规定必须公布；未经公布的，不得作为行政处罚的依据。

第五条　实施行政处罚，纠正违法行为，应当坚持处罚与教育相结合，教育公民、法人或者其他组织自觉守法。

第六条　公民、法人或者其他组织对行政机关所给予的行政处罚，享有陈述权、申辩权；对行政处罚不服的，有权依法申请行政复议或者提起行政诉讼。

公民、法人或者其他组织因行政机关违法给予行政处罚受到损害的，有权依法提出赔偿要求。

第七条　公民、法人或者其他组织因违法受到行政处罚，其违法行为对他人造成损害的，应当依法承担民事责任。违法行为构成犯罪，应当依法追究刑事责任，不得以行政处罚代替刑事处罚。

第二章 行政处罚的种类和设定

第八条 行政处罚的种类:
(一) 警告;
(二) 罚款;
(三) 没收违法所得、没收非法财物;
(四) 责令停产停业;
(五) 暂扣或者吊销许可证、暂扣或者吊销执照;
(六) 行政拘留;
(七) 法律、行政法规规定的其他行政处罚。

第九条 法律可以设定各种行政处罚。限制人身自由的行政处罚,只能由法律设定。

第十条 行政法规可以设定除限制人身自由以外的行政处罚。法律对违法行为已经做出行政处罚规定,行政法规需要做出具体规定的,必须在法律规定的给予行政处罚的行为、种类和幅度的范围内规定。

第十一条 地方性法规可以设定除限制人身自由、吊销企业营业执照以外的行政处罚。

法律、行政法规对违法行为已经做出行政处罚规定,地方性法规需要做出具体规定的,必须在法律、行政法规规定的给予行政处罚的行为、种类和幅度的范围内规定。

第十二条 国务院部、委员会制定的规章可以在法律、行政法规规定的给予行政处罚的行为、种类和幅度的范围内做出具体规定。

尚未制定法律、行政法规的,前款规定的国务院部、委员会制定的规章对违反行政管理秩序的行为,可以设定警告或者一定数量罚款的行政处罚。罚款的限额由国务院规定。

国务院可以授权具有行政处罚权的直属机构依照本条第一款、第二款的规定，规定行政处罚。

第十三条 省、自治区、直辖市人民政府和省、自治区人民政府所在地的市人民政府以及经国务院批准的较大的市人民政府制定的规章可以在法律、法规规定的给予行政处罚的行为、种类和幅度的范围内做出具体规定。尚未制定法律、法规的，前款规定的人民政府制定的规章对违反行政管理秩序的行为，可以设定警告或者一定数量罚款的行政处罚。罚款的限额由省、自治区、直辖市人民代表大会常务委员会规定。

第十四条 除本法第九条、第十条、第十一条、第十二条以及第十三条的规定外，其他规范性文件不得设定行政处罚。

第三章 行政处罚的实施机关

第十五条 行政处罚由具有行政处罚权的行政机关在法定职权范围内实施。

第十六条 国务院或者经国务院授权的省、自治区、直辖市人民政府可以决定一个行政机关行使有关行政机关的行政处罚权，但限制人身自由的行政处罚权只能由公安机关行使。

第十七条 法律、法规授权的具有管理公共事务职能的组织可以在法定授权范围内实施行政处罚。

第十八条 行政机关依照法律、法规或者规章的规定，可以在其法定权限内委托符合本法第十九条规定条件的组织实施行政处罚。行政机关不得委托其他组织或者个人实施行政处罚。

委托行政机关对受委托的组织实施行政处罚的行为应当负责监督，并对该行为的后果承担法律责任。

受委托组织在委托范围内，以委托行政机关名义实施行政处罚；不得再委托其他任何组织或者个人实施行政处罚。

第十九条 受委托组织必须符合以下条件：

（一）依法成立的管理公共事务的事业组织；

（二）具有熟悉有关法律、法规、规章和业务的工作人员；

（三）对违法行为需要进行技术检查或者技术鉴定的，应当有条件组织进行相应的技术检查或者技术鉴定。

第四章 行政处罚的管辖和适用

第二十条 行政处罚由违法行为发生地的县级以上地方人民政府具有行政处罚权的行政机关管辖。法律、行政法规另有规定的除外。

第二十一条 对管辖发生争议的，报请共同的上一级行政机关指定管辖。

第二十二条 违法行为构成犯罪的，行政机关必须将案件移送司法机关，依法追究刑事责任。

第二十三条 行政机关实施行政处罚时，应当责令当事人改正或者限期改正违法行为。

第二十四条 对当事人的同一个违法行为，不得给予两次以上罚款的行政处罚。

第二十五条 不满十四周岁的人有违法行为的，不予行政处罚，责令监护人加以管教；已满十四周岁不满十八周岁的人有违法行为的，从轻或者减轻行政处罚。

第二十六条 精神病人在不能辨认或者不能控制自己行为时有违法行为的，不予行政处罚，但应当责令其监护人严加看管和治疗。间歇性精神病人在精神正常时有违法行为的，应当给予行政处罚。

第二十七条　当事人有下列情形之一的,应当依法从轻或者减轻行政处罚:

(一) 主动消除或者减轻违法行为危害后果的;

(二) 受他人胁迫有违法行为的;

(三) 配合行政机关查处违法行为有立功表现的;

(四) 其他依法从轻或者减轻行政处罚的。违法行为轻微并及时纠正,没有造成危害后果的,不予行政处罚。

第二十八条　违法行为构成犯罪,人民法院判处拘役或者有期徒刑时,行政机关已经给予当事人行政拘留的,应当依法折抵相应刑期。违法行为构成犯罪,人民法院判处罚金时,行政机关已经给予当事人罚款的,应当折抵相应罚金。

第二十九条　违法行为在二年内未被发现的,不再给予行政处罚。法律另有规定的除外。前款规定的期限,从违法行为发生之日起计算;违法行为有连续或者继续状态的,从行为终了之日起计算。

第五章　行政处罚的决定

第三十条　公民、法人或者其他组织违反行政管理秩序的行为,依法应当给予行政处罚的,行政机关必须查明事实;违法事实不清的,不得给予行政处罚。

第三十一条　行政机关在做出行政处罚决定之前,应当告知当事人做出行政处罚决定的事实、理由及依据,并告知当事人依法享有的权利。

第三十二条　当事人有权进行陈述和申辩。行政机关必须充分听取当事人的意见,对当事人提出的事实、理由和证据,应当进行复核;当事人提出的事实、理由或者证据成立的,行政机关应当采纳。行政机关不得因当事人申辩而加重处罚。

第一节　简易程序

第三十三条　违法事实确凿并有法定依据，对公民处以五十元以下、对法人或者其他组织处以一千元以下罚款或者警告的行政处罚的，可以当场做出行政处罚决定。当事人应当依照本法第四十六条、第四十七条、第四十八条的规定履行行政处罚决定。

第三十四条　执法人员当场做出行政处罚决定的，应当向当事人出示执法身份证件，填写预定格式、编有号码的行政处罚决定书。行政处罚决定书应当当场交付当事人。

前款规定的行政处罚决定书应当载明当事人的违法行为、行政处罚依据、罚款数额、时间、地点以及行政机关名称，并由执法人员签名或者盖章。

执法人员当场做出的行政处罚决定，必须报所属行政机关备案。

第三十五条　当事人对当场做出的行政处罚决定不服的，可以依法申请行政复议或者提起行政诉讼。

第二节　一般程序

第三十六条　除本法第三十三条规定的可以当场做出的行政处罚外，行政机关发现公民、法人或者其他组织有依法应当给予行政处罚的行为的，必须全面、客观、公正地调查，收集有关证据；必要时，依照法律、法规的规定，可以进行检查。

第三十七条　行政机关在调查或者进行检查时，执法人员不得少于两人，并应当向当事人或者有关人员出示证件。当事人或者有关人员应当如实回答询问，并协助调查或者检查，不得阻挠。询问或者检查应当制作笔录。行政机关在收集证据时，可以采取抽样取证的方法；在证据可能灭失或者以后难以取得的情况下，经行政机关负责人批准，可以先行登记保存，并应当在七日内及时做出处理决定，在此期间，当事人或者有关人员不得销毁或者转移证据。

执法人员与当事人有直接利害关系的，应当回避。

第三十八条　调查终结，行政机关负责人应当对调查结果进行审查，根据不同情况，分别做出如下决定：

（一）确有应受行政处罚的违法行为的，根据情节轻重及具体情况，做出行政处罚决定；

（二）违法行为轻微，依法可以不予行政处罚的，不予行政处罚；

（三）违法事实不能成立的，不得给予行政处罚；

（四）违法行为已构成犯罪的，移送司法机关。

对情节复杂或者重大违法行为给予较重的行政处罚，行政机关的负责人应当集体讨论决定。

在行政机关负责人作出决定之前，应当由从事行政处罚决定审核的人员进行审核。行政机关中初次从事行政处罚决定审核的人员，应当通过国家统一法律职业资格考试取得法律职业资格。

第三十九条　行政机关依照本法第三十八条的规定给予行政处罚，应当制作行政处罚决定书。行政处罚决定书应当载明下列事项：

（一）当事人的姓名或者名称、地址；

（二）违反法律、法规或者规章的事实和证据；

（三）行政处罚的种类和依据；

（四）行政处罚的履行方式和期限；

（五）不服行政处罚决定，申请行政复议或者提起行政诉讼的途径和期限；

（六）做出行政处罚决定的行政机关名称和做出决定的日期。行政处罚决定书必须盖有做出行政处罚决定的行政机关的印章。

第四十条　行政处罚决定书应当在宣告后当场交付当事人；当事人不在场的，行政机关应当在七日内依照民事诉讼法的有关规定，将行政处罚决定书送达当事人。

第四十一条　行政机关及其执法人员在做出行政处罚决定之前，不依照本法第三十一条、第三十二条的规定向当事人告知给予行政处罚的事实、理由和依据，或者拒绝听取当事人的陈述、申辩，行政处罚决定不能成立；当事人放弃陈述或者申辩权利的除外。

第三节　听证程序

第四十二条　行政机关做出责令停产停业、吊销许可证或者执照、较大数额罚款等行政处罚决定之前，应当告知当事人有要求举行听证的权利；当事人要求听证的，行政机关应当组织听证。当事人不承担行政机关组织听证的费用。听证依照以下程序组织：

（一）当事人要求听证的，应当在行政机关告知后三日内提出；

（二）行政机关应当在听证的七日前，通知当事人举行听证的时间、地点；

（三）除涉及国家秘密、商业秘密或者个人隐私外，听证公开举行；

（四）听证由行政机关指定的非本案调查人员主持；当事人认为主持人与本案有直接利害关系的，有权申请回避；

（五）当事人可以亲自参加听证，也可以委托一至二人代理；

（六）举行听证时，调查人员提出当事人违法的事实、证据和行政处罚建议；当事人进行申辩和质证；

（七）听证应当制作笔录；笔录应当交当事人审核无误后签字或者盖章。

当事人对限制人身自由的行政处罚有异议的，依照治安管理处罚条例有关规定执行。

第四十三条 听证结束后，行政机关依照本法第三十八条的规定，做出决定。

第六章 行政处罚的执行

第四十四条 行政处罚决定依法做出后，当事人应当在行政处罚决定的期限内，予以履行。

第四十五条 当事人对行政处罚决定不服申请行政复议或者提起行政诉讼的，行政处罚不停止执行，法律另有规定的除外。

第四十六条 做出罚款决定的行政机关应当与收缴罚款的机构分离。

除依照本法第四十七条、第四十八条的规定当场收缴的罚款外，做出行政处罚决定的行政机关及其执法人员不得自行收缴罚款。

当事人应当自收到行政处罚决定书之日起十五日内，到指定的银行缴纳罚款。银行应当收受罚款，并将罚款直接上缴国库。

第四十七条 依照本法第三十三条的规定当场做出行政处罚决定，有下列情形之一的，执法人员可以当场收缴罚款：

（一）依法给予二十元以下的罚款的；

（二）不当场收缴事后难以执行的。

第四十八条 在边远、水上、交通不便地区，行政机关及其执法人员依照本法第三十三条、第三十八条的规定做出罚款决定后,当事人向指定的银行缴纳罚款确有困难,经当事人提出,行政机关及其执法人员可以当场收缴罚款。

第四十九条 行政机关及其执法人员当场收缴罚款的,必须向当事人出具省、自治区、直辖市财政部门统一制发的罚款收据;不出具财政部门统一制发的罚款收据的当事人有权拒绝缴纳罚款。

第五十条 执法人员当场收缴的罚款,应当自收缴罚款之日起二日内,交至行政机关;在水上当场收缴的罚款,应当自抵岸之日起二日内交至行政机关;行政机关应当在二日内将罚款缴付指定的银行。

第五十一条 当事人逾期不履行行政处罚决定的,做出行政处罚决定的行政机关可以采取下列措施:

(一)到期不缴纳罚款的,每日按罚款数额的百分之三加处罚款;

(二)根据法律规定,将查封、扣押的财物拍卖或者将冻结的存款划拨抵缴罚款;

(三)申请人民法院强制执行。

第五十二条 当事人确有经济困难,需要延期或者分期缴纳罚款的,经当事人申请和行政机关批准,可以暂缓或者分期缴纳。

第五十三条 除依法应当予以销毁的物品外,依法没收的非法财物必须按照国家规定公开拍卖或者按照国家有关规定处理。

罚款、没收违法所得或者没收非法财物拍卖的款项,必须全部上缴国库,任何行政机关或者个人不得以任何形式截留、私分或者变相私分;财政部门不得以任何形式向做出行政处罚决定的行政机关返还罚款、没收的违法所得或者返还没收非法财物的拍卖款项。

第五十四条 行政机关应当建立健全对行政处罚的监督制度。县级以上人民政府应当加强对行政处罚的监督检查。公民、法人或者其他组织对行政机关做出的行政处罚,有权申诉或者检举;行政机关应当认真审查,发现行政处罚有错误的,应当主动改正。

第七章　法律责任

第五十五条　行政机关实施行政处罚,有下列情形之一的,由上级行政机关或者有关部门责令改正,可以对直接负责的主管人员和其他直接责任人员依法给予行政处分:

(一)没有法定的行政处罚依据的;

(二)擅自改变行政处罚种类、幅度的;

(三)违反法定的行政处罚程序的;

(四)违反本法第十八条关于委托处罚的规定的。

第五十六条　行政机关对当事人进行处罚不使用罚款、没收财物单据或者使用非法定部门制发的罚款、没收财物单据的,当事人有权拒绝处罚,并有权予以检举。上级行政机关或者有关部门对使用的非法单据予以收缴销毁,对直接负责的主管人员和其他直接责任人员依法给予行政处分。

第五十七条　行政机关违反本法第四十六条的规定自行收缴罚款的,财政部门违反本法第五十三条的规定向行政机关返还罚款或者拍卖款项的,由上级行政机关或者有关部门责令改正,对直接负责的主管人员和其他直接责任人员依法给予行政处分。

第五十八条　行政机关将罚款、没收的违法所得或者财物截留、私分或者变相私分的,由财政部门或者有关部门予以追缴,对直接负责的主管人员和其他直接责任人员依法给予行政处分;情节严重构成犯罪的,依法追究刑事责任。

执法人员利用职务上的便利,索取或者收受他人财物、收缴罚款据为己有,构成犯罪的,依法追究刑事责任;情节轻微不构成犯罪的，依法给予行政处分。

第五十九条　行政机关使用或者损毁扣押的财物，对当事人造成损失的，应当依法予以赔偿，对直接负责的主管人员和其他直接责任人员依法给予行政处分。

第六十条　行政机关违法实行检查措施或者执行措施，给公民人身或者财产造成损害、给法人或者其他组织造成损失的，应当依法予以赔偿，对直接负责的主管人员和其他直接责任人员依法给予行政处分；情节严重构成犯罪的，依法追究刑事责任。

第六十一条　行政机关为牟取本单位私利，对应当依法移交司法机关追究刑事责任的不移交，以行政处罚代替刑罚，由上级行政机关或者有关部门责令纠正；拒不纠正的，对直接负责的主管人员给予行政处分；徇私舞弊、包庇纵容违法行为的，比照刑法第一百八十八条的规定追究刑事责任。

第六十二条　执法人员玩忽职守，对应当予以制止和处罚的违法行为不予制止、处罚，致使公民、法人或者其他组织的合法权益、公共利益和社会秩序遭受损害的，对直接负责的主管人员和其他直接责任人员依法给予行政处分；情节严重构成犯罪的，依法追究刑事责任。

第八章　附　则

第六十三条　本法第四十六条罚款决定与罚款收缴分离的规定，由国务院制定具体实施办法。

第六十四条　本法自1996年10月1日起施行。

本法公布前制定的法规和规章关于行政处罚的规定与本法不符合的，应当自本法公布之日起，依照本法规定予以修订，在1997年12月31日前修订完毕。

附 录

价格行政处罚程序规定

中华人民共和国国家发展和改革委员会令

第22号

根据《中华人民共和国行政处罚法》、《中华人民共和国价格法》等法律，我们对《价格行政处罚程序规定》进行了修改，现予公布，自2013年7月1日起施行。

国家发展和改革委员会主任

2013年3月6日

第一章 总 则

第一条 为规范价格主管部门行政处罚程序，保障和监督价格主管部门依法行使职权，保护公民、法人或者其他组织的合法权益，根据《中华人民共和国行政处罚法》、《中华人民共和国行政强制法》、《中华人民共和国价格法》、《中华人民共和国反垄断法》、《价格违法行为行政处罚规定》等法律、行政法规，制定本规定。

第二条 价格主管部门实施行政处罚的程序，适用本规定。

第三条　价格主管部门应当依照法律、法规、规章的规定实施行政处罚。

没有法定依据或者不遵守法定程序的，行政处罚无效。

第四条　价格主管部门在依法调查或者检查时，执法人员不得少于两人，并应当向当事人或者有关人员出示行政执法证件。

第五条　价格主管部门实施行政处罚必须以事实为依据，与违法行为的事实、性质、情节以及社会危害程度相当。

第六条　价格主管部门应当建立健全对行政处罚的监督制度。上级价格主管部门应当加强对下级价格主管部门行政处罚的监督检查。

第二章　管　辖

第七条　价格行政处罚由价格违法行为发生地的县级以上价格主管部门管辖。法律、行政法规另有规定的除外。

第八条　县级价格主管部门管辖本辖区内发生的价格违法案件（以下简称案件），但是依照本规定由上级价格主管部门管辖的除外。

第九条　省、自治区、直辖市（以下简称省级）价格主管部门规定辖区内级别管辖的具体分工，报国务院价格主管部门审定后公布。

第十条　国务院价格主管部门管辖下列案件：

（一）与国民经济和社会发展关系重大的特定行业内的企业（不含子公司、分支机构）的案件；

（二）中央国家机关违反规定收费的案件；

（三）其他在全国范围内有重大影响的案件。

第十一条　专项检查的案件管辖，由省级以上价格主管部门部署专项检查时确定。

第十二条 对当事人的同一个价格违法行为,两个以上价格主管部门都有管辖权的,由最先立案的价格主管部门管辖。

两个以上价格主管部门对管辖权发生争议的,应当报请共同的上一级价格主管部门指定管辖。

第十三条 价格主管部门发现所查处的案件应当由其他价格主管部门管辖的,应当将案件移送有管辖权的价格主管部门。受移送的价格主管部门对管辖权有异议的,应当报请共同的上一级价格主管部门指定管辖,不得再自行移送。

第十四条 上级价格主管部门可以直接查处下级价格主管部门管辖的案件,也可以将自己管辖的案件移交下级价格主管部门查处。移交案件管辖权应当报请价格主管部门负责人或者经授权的价格监督检查机构负责人批准。

下级价格主管部门对自己管辖的案件认为需要由上级价格主管部门查处的,可以报请上级价格主管部门确定管辖。上级价格主管部门应当自收到报请材料之日起十日内确定,逾期未答复的,视为同意。

第十五条 价格主管部门发现所查处的案件属于其他行政机关管辖的,应当依法移送其他有关行政机关。

价格主管部门发现价格违法行为涉嫌构成犯罪的,应当依照有关规定将案件移送司法机关。

第三章 简易程序

第十六条 违法事实确凿并有法定依据,对公民处以五十元以下、对法人或者其他组织处以一千元以下罚款或者警告的行政处罚的,执法人员可以当场作出行政处罚决定。

第十七条 当场作出行政处罚决定的,执法人员应当当场调查违法事实,收集必要的证据,制作现场检查或者询问笔录,填写预定格式、编有号码的行政处罚决定书。行政处罚决定书应当当场交付当事人。

前款规定的行政处罚决定书应当载明当事人的违法行为、行政处罚依据、处罚种类、罚款数额、缴款途径、时间、地点、加处罚款的标准、救济途径、价格主管部门名称,并由执法人员签名或者盖章。

第十八条 执法人员在当场作出行政处罚决定之前,应当口头告知当事人作出行政处罚决定的事实、理由及依据,并告知当事人有权当场进行陈述和申辩。当事人提出的事实、理由或者证据成立的,执法人员应当采纳。

第十九条 适用简易程序查处案件的行政处罚决定书及现场检查或者询问笔录,执法人员应当及时报其所在的价格主管部门备案。

第四章 一般程序

第一节 立 案

第二十条 价格主管部门依法对价格活动进行监督检查时,需要行使《价格法》第三十四条所列职权的,可以向公民、法人或者其他组织出具检查通知书。

检查通知书由价格主管部门负责人或者经授权的价格监督检查机构负责人签发,并加盖本机关印章。

第二十一条 除按照本规定可以当场作出的行政处罚外,价格主管部门对经初步调查或者检查发现的涉嫌价格违法行为,属于本机关管辖的,应当立案。

第二十二条 执法人员有下列情形之一的,应当回避,当事人也有权申请其回避:

（一）是本案的当事人或者当事人的近亲属；

（二）本人或者其近亲属与本案有利害关系；

（三）与本案当事人有其他关系，可能影响对案件公正处理的。

执法人员的回避，由价格主管部门负责人或者经授权的价格监督检查机构负责人决定。

第二节 调查取证

第二十三条 对立案的案件，价格主管部门必须全面、客观、公正地调查或者检查，收集有关证据。

第二十四条 证据包括以下几种：

（一）书证；

（二）物证；

（三）视听资料、电子数据；

（四）证人证言；

（五）当事人的陈述；

（六）鉴定结论；

（七）勘验笔录、现场笔录。

上述证据的收集、审查、认定，按照国务院价格主管部门制定的证据规定执行。

第二十五条 价格主管部门检查与价格违法行为有关的财物，发现经营者的违法行为同时具有下列三种情形的，经价格主管部门负责人批准，可以依照《价格法》第三十四条第（三）项的规定责令其暂停相关营业：（一）违法行为情节复杂或者情节严重，经查明后可能给予较重处罚的；（二）不暂停相关营业，违法行为将继续的；（三）不暂停相关营业，可能影响违法事实的认定，采取其他措施又不足以保证查明的。暂停相关营业应当严格限制在与违法行为有关的营业范围内，无关的营业不得列入暂停范围。

第二十六条 价格主管部门可以委托其他价格主管部门进行调查、取证，并出具协助调查函。

价格主管部门需要从当事人以外的有关单位查阅、复制与价格违法行为有关的合同、发票、账册、单据、文件等材料的，可以出具协助调查函。

第二十七条 执法人员调查取证后，应当提交案件调查报告。案件调查报告应当包括当事人的基本情况、调查过程、违法事实、相关证据、定性意见、依法应当给予的行政处罚及其依据等。

第二十八条 价格主管部门应当以案件调查报告为基础对案件进行审理，审理的主要内容包括：

（一）对所办案件是否具有管辖权；

（二）当事人的基本情况是否清楚；

（三）案件事实是否清楚、证据是否充分；

（四）定性是否准确；

（五）适用法律法规规章是否正确；

（六）程序是否合法；

（七）责令退还及处罚种类、幅度是否适当。

第三节 陈述、申辩和听证

第二十九条 价格主管部门对案件调查报告进行审查后，作出行政处罚决定之前，应当书面告知当事人拟作出的行政处罚决定以及作出行政处罚决定的事实、理由、依据，并告知当事人依法享有的陈述、申辩权利；符合听证条件的，应当一并告知听证的权利。

当事人因价格违法行为致使消费者或者其他经营者多付价款

的，价格主管部门还应当告知当事人应当退还的金额、未退还的予以没收，以及根据退还情况拟给予的罚款。

第三十条 当事人要求陈述、申辩的，应当在收到行政处罚事先告知书后三日内向价格主管部门提出。当事人逾期未提出的，视为放弃。

当事人口头进行陈述、申辩的，价格主管部门应当记录，并经当事人签名或者盖章。

第三十一条 价格主管部门作出责令停业整顿、较大数额罚款等行政处罚决定之前，应当书面告知当事人有要求举行听证的权利。

第三十二条 当事人要求听证的，应当在收到行政处罚事先告知书后三日内向价格主管部门提出听证申请；逾期未提出的，视为放弃。

当事人不要求听证的，可以要求进行陈述、申辩；当事人要求陈述、申辩的，价格主管部门应当依照本规定第三十条的规定执行。

第三十三条 价格主管部门应当在当事人提出听证申请后三十日内组织听证，并在举行听证的七日前，书面通知当事人举行听证的时间、地点、方式及听证主持人的姓名。

第三十四条 听证由价格主管部门指定的非本案执法人员主持。

当事人认为主持人与本案有直接利害关系的，有权申请回避。回避决定由价格主管部门负责人或者经授权的价格监督检查机构负责人作出。

第三十五条 当事人可以亲自参加听证，也可以委托一至二人代理。委托代理人参加听证的，应当出具书面委托书。

当事人或者其代理人不按时参加听证的，或者在听证举行过程中未经主持人批准中途退出听证会的，视为放弃听证。

第三十六条 除涉及国家秘密、商业秘密或者个人隐私外，听证应当公开举行。

听证按照下列程序进行：

（一）主持人确认到场的当事人或者其他参加听证人员的身份，宣布案由和听证纪律，宣布听证开始；

（二）执法人员提出当事人违法的事实、证据、拟作出的行政处罚及其依据；

（三）当事人进行陈述和申辩；

（四）执法人员与当事人对有关证据进行质证；

（五）当事人、执法人员依次作最后陈述；

（六）听证主持人宣布听证结束。

听证应当制作笔录，听证笔录交当事人审核无误后签字或者盖章；当事人拒绝签字或者盖章的，由听证记录人在笔录中记明情况。

第三十七条 价格主管部门应当对当事人在陈述、申辩或者听证中提出的事实、理由和证据进行复核，必要时可以补充调查取证。

当事人提出的事实、理由或者证据成立的，价格主管部门应当采纳。

价格主管部门不得因当事人的陈述、申辩或者要求听证加重处罚。

第四节 处罚决定

第三十八条 价格主管部门履行本规定第四章第三节规定程序后，作出行政处罚决定之前，对当事人因价格违法行为致使消费者或者其他经营者多付价款的，责令当事人限期退还。难以查找多付价款的消费者或者其他经营者的，责令公告查找。

第三十九条 价格主管部门负责人应当对案件调查报告、当事人的陈述和申辩意见或者听证情况等进行审查，根据不同情况，分别作出如下决定：

（一）确有应受行政处罚的违法行为的，根据情节轻重及具体情况，作出行政处罚决定；

（二）违法行为依法不予行政处罚或者违法行为轻微，依法可以不予行政处罚的，不予行政处罚；

（三）违法事实不能成立的，不得给予行政处罚；

（四）违法行为在二年内未被发现的，不再给予行政处罚；

（五）不属于价格主管部门管辖的，移送有关行政机关处理；

（六）违法行为已构成犯罪的，移送司法机关。

属于前款第（二）、（三）、（四）、（五）项情形的，价格主管部门应当销案。

第四十条 对情节复杂或者重大违法行为给予较重的行政处罚，价格主管部门的负责人应当集体讨论决定。

情节复杂或者重大违法行为给予较重的行政处罚的案件范围，以及集体讨论的程序，由省级以上价格主管部门规定。

第四十一条 价格主管部门作出行政处罚决定，应当制作行政处罚决定书。行政处罚决定书应当载明下列事项：

（一）当事人的姓名或者名称、地址等基本情况；

（二）违反法律、法规或者规章的事实和证据；

（三）行政处罚的种类和依据；

（四）行政处罚的履行方式和期限；

（五）对当事人逾期不缴纳罚款、违法所得，决定加处罚款的，还应当载明加处罚款的标准；

（六）不服行政处罚决定的救济途径和期限；

（七）作出行政处罚决定的价格主管部门名称和作出决定的日期。

行政处罚决定书必须盖有作出行政处罚决定的价格主管部门的印章。

第五章 送达与执行

第四十二条 行政处罚决定书作出后，价格主管部门应当在宣告后当场交付当事人；或者在行政处罚决定作出之日起七日内，依照民事诉讼法第七章第二节的有关规定送达当事人。

需要委托送达的，可以委托当地价格主管部门代为送达。

需要公告送达的，应当在全国性报纸或者价格主管部门所在地的报纸上公告，可以同时在本部门网站上予以公告。自公告发布之日起经过六十日，即视为送达。

价格主管部门送达行政处罚其他相关文书，可以参照以上方式送达。

第四十三条 行政处罚决定依法作出后，当事人应当在行政处罚决定规定的期限内，予以履行。

当事人确有经济困难，需要延期或者分期缴纳罚款、违法所得的，由当事人提出书面申请，经价格主管部门批准，可以暂缓或者分期缴纳。

第四十四条 当事人对行政处罚决定不服的，应当先依法申请行政复议；对行政复议决定不服的，可以依法向人民法院提起行政诉讼。

行政复议或者行政诉讼期间，行政处罚不停止执行，法律另有规定的除外。

第四十五条 价格主管部门对当事人作出罚款、没收违法所得处罚的，当事人应当自收到行政处罚决定书之日起十五日内，到指定的银行缴纳罚没款。

有下列情形之一的,执法人员可以当场收缴罚款:

(一)当场作出行政处罚决定,依法给予二十元以下的罚款的;

(二)当场作出行政处罚决定,不当场收缴事后难以执行的;

(三)在边远、水上、交通不便地区,价格主管部门及其执法人员依照本规定第十六条、第三十九条、第四十条的规定作出罚款决定后,当事人向指定银行缴纳罚款确有困难,经当事人提出当场收缴罚款的。

执法人员当场收缴罚款的,应当出具省级财政部门统一制发的罚款收据。

第四十六条 执法人员当场收缴的罚款,应当自收缴罚款之日起二日内,交至所在的价格主管部门;在水上当场收缴的罚款,应当自抵岸之日起二日内交至所在的价格主管部门;价格主管部门应当在二日内将罚款缴付指定的银行。

第四十七条 价格主管部门对当事人作出责令停业整顿处罚的,责令停业整顿期限最长不超过七日。

第四十八条 当事人逾期不缴纳罚款的,每日按罚款数额的百分之三加处罚款;逾期不缴纳违法所得的,每日按违法所得数额的千分之二加处罚款。

加处罚款的数额不得超出罚款、没收违法所得的数额。

第四十九条 当事人在法定期限内不申请行政复议或者提起行政诉讼,又不履行处罚决定的,作出处罚决定的价格主管部门可以依法申请人民法院强制执行。申请人民法院强制执行前,价格主管部门应当依照《行政强制法》的规定履行催告程序。

第五十条 任何单位和个人有价格违法行为,情节严重,拒不改正的,价格主管部门除依法给予行政处罚外,可以公告其价格违法行为，直至其改正。

第五十一条 有下列情形之一的，价格主管部门应当结案：

（一）当事人完全履行行政处罚决定的；

（二）价格主管部门依法申请人民法院强制执行，人民法院受理强制执行申请的；

（三）其他应予结案的。

第五十二条 上级价格主管部门对下级价格主管部门行政处罚的监督检查中，发现下级价格主管部门确有错误的，应当责令改正。下级价格主管部门应当将改正情况及时报告上级价格主管部门。

第六章 附 则

第五十三条 期间以日、年计算。期间开始的日不计算在期间内，从次日起开始计算。

期间届满的最后一日是节假日的，以节假日后的第一日为期间届满的日期。

期间不包括在途时间。文书在期满前交邮的，不算过期。

第五十四条 本规定中的"以上"、"以下"、"内"、"前"，均包括本数。

第五十五条 对价格垄断行为实施行政处罚的程序，按照《反价格垄断行政执法程序规定》执行。《反价格垄断行政执法程序规定》未作规定的，参照本规定执行。

第五十六条 省级价格主管部门可以根据本规定制定实施细则。

第五十七条 本规定由国家发展和改革委员会负责解释。

第五十八条 本规定自2013年7月1日起施行。原国家发展计划委员会2001年9月20日发布的《价格行政处罚程序规定》和2000年4月25日印发的《价格监督检查管辖规定》同时废止。

计量违法行为处罚细则

(1990年8月25日国家技术监督局令第14号发布；根据2015年8月25日《国家质量监督检验检疫总局关于修改部分规章的决定》修订)

第一章 总 则

第一条 在中华人民共和国境内，对违反计量法律、法规行为的处罚，适用本细则。

第三条 县级以上地方人民政府计量行政部门负责对违反计量法律、法规的行为执行行政处罚。法律、法规另有规定的，按法律、法规规定的执行。

第四条 处理违反计量法律、法规的行为，必须坚持以事实为依据，以法律为准绳，做到事实清楚，证据确凿，适用法律、法规正确，符合规定程序。

第二章 违反计量法律、法规的行为及处理

第五条 对违反计量法律、法规行为的行政处罚包括：
（一）责令改正；
（二）责令停止生产、营业、制造、出厂、修理、销售、使用、检定、测试、检验、进口；
（三）责令赔偿损失；
（四）吊销证书；
（五）没收违法所得、计量器具、残次计量器具零配件及非法检定印、证；
（六）罚款。

第六条 违反计量法律、法规使用非法定计量单位的,按以下规定处罚:

(一)非出版物使用非法定计量单位的,责令其改正。

(二)出版物使用非法定计量单位的,责令其停止销售,可并处一千元以下罚款。

第七条 损坏计量基准,或未经国务院计量行政部门批准,随意拆卸、改装计量基准,或自行中断、擅自终止检定工作的,对直接责任人员进行批评教育,给予行政处分;构成犯罪的,依法追究刑事责任。

第八条 社会公用计量标准,经检查达不到原考核条件的,责令其停止使用,限期整改;经整改仍达不到原考核条件的,由原发证机关吊销其证书。

第九条 部门和企业、事业单位使用的各项最高计量标准,违反计量法律、法规的,按以下规定处罚:(一)未取得有关人民政府计量行政部门颁发的计量标准考核证书而开展检定的,责令其停止使用,可并处一千元以下罚款。

(二)计量标准考核证书有效期满,未经原发证机关复查合格而继续开展检定的,责令其停止使用,限期申请复查;逾期不申请复查的,由原发证机关吊销其证书。

(三)考核合格投入使用的计量标准,经检查达不到原考核条件的,责令其停止使用,限期整改;经整改仍达不到原考核条件的,由原发证机关吊销其证书。

第十条 被授权单位违反计量法律、法规的,按以下规定处罚:

(一)被授权项目经检查达不到原考核条件,责令其停止检定、测试,限期整改;经整改仍达不到原考核条件的,由授权机关撤销其计量授权。

（二）超出授权项目擅自对外进行检定、测试的，责令其改正，没收全部违法所得，情节严重的，吊销计量授权证书。

（三）未经授权机关批准，擅自终止所承担的授权工作，给有关单位造成损失的，责令其赔偿损失。

第十一条　未经有关人民政府计量行政部门授权，擅自对外进行检定、测试的，没收全部违法所得。给有关单位造成损失的，责令其赔偿损失。

第十二条　使用计量器具违反计量法律、法规的，按以下规定处罚：

（一）社会公用计量标准和部门、企业、事业单位各项最高计量标准，未按照规定申请检定的或超过检定周期而继续使用的，责令其停止使用，可并处五百元以下罚款；经检定不合格而继续使用的，责令其停止使用，可并处一千元以下罚款。

（二）属于强制检定的工作计量器具，未按照规定申请检定或超过检定周期而继续使用的，责令其停止使用，可并处五百元以下罚款；经检定不合格而继续使用的，责令其停止使用，可并处一千元以下罚款。

（三）属于非强制检定的计量器具，未按照规定自行定期检定或者送其他有权对社会开展检定工作的计量检定机构定期检定的，责令其停止使用，可并处二百元以下罚款；经检定不合格而继续使用的，责令其停止使用，可并处五百元以下罚款。

（四）在经销活动中，使用非法定计量单位计量器具的，没收该计量器具。

（五）使用不合格的计量器具给国家或消费者造成损失的，责令赔偿损失，没收计量器具和全部违法所得，可并处二千元以下罚款。

（六）使用以欺骗消费者为目的的计量器具或者破坏计量器具

准确度、伪造数据，给国家或消费者造成损失的，责令赔偿损失，没收计量器具和全部违法所得，可并处二千元以下罚款；构成犯罪的，依法追究刑事责任。

第十三条 进口计量器具，以及外商（含外国制造商、经销商）或其代理人在中国销售计量器具，违反计量法律、法规的，按以下规定处罚：

（一）未经省、自治区、直辖市人民政府计量行政部门批准，进口、销售国务院规定废除的非法定计量单位的计量器具或国务院禁止使用的其他计量器具的，责令其停止进口、销售，没收计量器具和全部违法所得，可并处相当其违法所得百分之十至百分之五十的罚款。

（二）进口、销售列入《中华人民共和国进口计量器具型式审查目录》内的计量器具，未经国务院计量行政部门型式批准的，封存计量器具，责令其补办型式批准手续，没收全部违法所得，可并处相当其进口额或销售额百分之三十以下的罚款。

第十四条 制造、修理计量器具，违反计量法律、法规的，按以下规定处罚：

（一）未经批准制造国务院规定废除的非法定计量单位的计量器具和国务院禁止使用的其他计量器具的，责令其停止制造、销售，没收计量器具和全部违法所得，可并处相当其违法所得百分之十至百分之五十的罚款。

（二）未取得制造、修理计量器具许可证，制造、修理计量器具的，责令其停止生产、停止营业，封存制造、修理的计量器具，没收全部违法所得，可并处相当其违法所得百分之十至百分之五十的罚款。

（三）未取得制造计量器具许可证而擅自使用许可证标志和编号制造、销售计量器具的，责令其停止制造、销售，没收计量器具和全部违法所得，可并处相当其违法所得百分之二十至百分之五十的罚款。

（四）取得制造、修理计量器具许可证后，其制造、修理条件仍达不到原考核条件的，限期整改；经整改仍达不到原考核要求的，由原发证机关吊销其制造、修理计量器具许可证。

（五）制造、销售未经型式批准或样机试验合格的计量器具新产品的，责令其停止制造、销售，封存该种新产品，没收全部违法所得，可并处三千元以下罚款。

（六）企业、事业单位制造、修理的计量器具未经出厂检定或经检定不合格而出厂的，责令其停止出厂，没收全部违法所得；情节严重的，可并处三千元以下罚款。个体工商户制造、修理计量器具未经检定或经检定不合格而销售或交付用户使用的，责令其停止制造、修理或者重修、重检，没收全部违法所得；情节严重的，可并处五百元以下的罚款。

（七）个体工商户制造、修理国家规定范围以外的计量器具或者不按规定场所从事经营活动的，责令其停止制造、修理，没收全部违法所得，可并处五百元以下的罚款。

第十五条 制造、修理、销售以欺骗消费者为目的的计量器具的，没收计量器具和全部违法所得，可并处二千元以下罚款；构成犯罪的，对个人或单位直接责任人员，依法追究刑事责任。

第十六条 已取得制造许可证的计量器具，在销售时，没有产品合格印、证或没有使用制造许可证标志的，责令其停止销售；销售超过有效期的标准物质的，没收该种标准物质和全部违法所得。

第十七条 经营销售残次计量器具零配件的，使用残次计量器具零配件组装、修理计量器具的，责令其停止经营销售，没收残次计量器具零配件及组装的计量器具和全部违法所得，可并处二千元以下的罚款;情节严重的,由工商行政管理部门吊销其营业执照。

第十八条 为社会提供公证数据的产品质量检验机构,违反计量法律、法规的,按以下规定处罚:

(一)未取得计量认证合格证书或已经取得计量认证合格证书,新增检验项目,未申请单项计量认证,为社会提供公证数据的,责令其停止检验,没收全部违法所得,可并处一千元以下罚款。

(二)已取得计量认证合格证书,经检查不符合原考核条件的,限期整改,经整改仍达不到原考核条件的,由原发证机关吊销其计量认证合格证书,停止其使用计量认证标志。

(三)经计量认证合格的产品质量检验机构,失去公正地位的,由原发证机关吊销其计量认证合格证书,停止其使用计量认证标志。

第十九条 伪造、盗用、倒卖检定印、证的,没收其非法检定印、证和全部违法所得,可并处二千元以下罚款;构成犯罪的,依法追究刑事责任。

第二十条 计量监督管理人员违法失职,情节轻微的,给予行政处分,或由有关人民政府计量行政部门撤销其计量监督员职务;利用职权收受贿赂、徇私舞弊,构成犯罪的,依法追究刑事责任。

第二十一条 负责计量器具新产品定型鉴定、样机试验的单位,泄漏申请单位提供的样机和技术文件、资料秘密的,按国家有关规定,赔偿申请单位的损失,并给予直接责任人员行政处分;构成犯罪的,依法追究刑事责任。

第二十二条 计量检定人员有下列行为之一的,给予行政处分;构成犯罪的,依法追究刑事责任:

（一）违反检定规程进行计量检定的；

（二）使用未经考核合格的计量标准开展检定的；

（三）未取得计量检定证件进行计量检定的；

（四）伪造检定数据的。

第二十三条　计量检定人员出具错误数据，给送检一方造成损失的，由其所在的技术机构赔偿损失；情节轻微的，给予计量检定人员行政处分；构成犯罪的，依法追究其刑事责任。

第二十四条　执行强制检定的工作计量器具任务的机构无故拖延检定期限的，送检单位可免交检定费；给送检单位造成损失的，应赔偿损失；情节严重的，给予直接责任人员行政处分。

第二十五条　同一单位或个人，有两种以上违法行为的，分别处罚，合并执行。同一案件涉及两个以上单位或个人的，根据情节轻重，分别处罚。

第二十六条　有下列情况之一的，可以从轻或免予处罚：

（一）情节特别轻微的；

（二）初次违法，情节较轻的；

（三）认错态度好，能积极有效地配合查处工作的；

（四）主动改正的。

第二十七条　有下列情况之一的，按规定处罚幅度的上限从重处罚：

（一）屡教不改的；

（二）明知故犯的；

（三）借故刁难监督检查或检定的；

（四）后果严重、危害性大的；

（五）转移、毁灭证据或擅自改变与案件有关的计量器具原始技术状态的；

（六）作假证、伪证或威胁利诱他人作假证、伪证的。

第二十八条 围攻、报复计量执法人员、检定人员，或以暴力威胁手段阻碍计量执法人员、检定人员执行公务的，提请公安机关或司法部门追究法律责任。

第二十九条 当事人对行政处罚决定不服的，可在接到处罚通知之日起十五日内向作出处罚决定机关的上一级机关申请复议；对复议结果不服的，可向人民法院起诉。对处罚决定逾期不申请复议或不起诉，又不履行的，由作出处罚决定的机关申请人民法院强制执行。

第三章 附 则

第三十条 本细则下列用语的含义是：

（一）伪造数据是指单位或个人使用合格的计量器具，进行不诚实的测量，出具虚假数据或者定量包装商品实际量与标注量不符的违法行为。

（二）出版物是指公开或内部发行的，除古籍和文学书籍以外的图书、报纸、期刊，以及除文艺作品外的音像制品。

（三）非出版物是指公文、统计报表、商品包装物、产品铭牌、说明书、标签标价、票据收据等。

第三十一条 本细则由国家技术监督局负责解释。

第三十二条 本细则自发布之日起施行。

安全生产违法行为行政处罚办法

国家安全生产监督管理总局令

第 77 号

《国家安全监管总局关于修改〈生产安全事故报告和调查处理条例〉罚款处罚暂行规定等四部规章的决定》已经 2015 年 1 月 16 日国家安全生产监督管理总局局长办公会议审议通过，现予公布，自 2015 年 5 月 1 日起施行。

国家安全生产监督管理总局局长
2015 年 4 月 2 日

(2007 年 11 月 30 日国家安全监管总局令第 15 号公布；根据 2015 年 4 月 2 日国家安全监管总局令第 77 号修正)

第一章 总 则

第一条 为了制裁安全生产违法行为，规范安全生产行政处罚工作，依照行政处罚法、安全生产法及其他有关法律、行政法规的规定，制定本办法。

第二条 县级以上人民政府安全生产监督管理部门对生产经营单位及其有关人员在生产经营活动中违反有关安全生产的法律、行政法规、部门规章、国家标准、行业标准和规程的违法行为（以下统称安全生产违法行为）实施行政处罚，适用本办法。

煤矿安全监察机构依照本办法和煤矿安全监察行政处罚办法，

对煤矿、煤矿安全生产中介机构等生产经营单位及其有关人员的安全生产违法行为实施行政处罚。

有关法律、行政法规对安全生产违法行为行政处罚的种类、幅度或者决定机关另有规定的，依照其规定。

第三条 对安全生产违法行为实施行政处罚，应当遵循公平、公正、公开的原则。

安全生产监督管理部门或者煤矿安全监察机构（以下统称安全监管监察部门）及其行政执法人员实施行政处罚，必须以事实为依据。行政处罚应当与安全生产违法行为的事实、性质、情节以及社会危害程度相当。

第四条 生产经营单位及其有关人员对安全监管监察部门给予的行政处罚，依法享有陈述权、申辩权和听证权；对行政处罚不服的，有权依法申请行政复议或者提起行政诉讼；因违法给予行政处罚受到损害的，有权依法申请国家赔偿。

第二章 行政处罚的种类、管辖

第五条 安全生产违法行为行政处罚的种类：

（一）警告；

（二）罚款；

（三）没收违法所得、没收非法开采的煤炭产品、采掘设备；

（四）责令停产停业整顿、责令停产停业、责令停止建设、责令停止施工；

（五）暂扣或者吊销有关许可证，暂停或者撤销有关执业资格、岗位证书；

（六）关闭；

（七）拘留；

（八）安全生产法律、行政法规规定的其他行政处罚。

第六条 县级以上安全监管监察部门应当按照本章的规定，在各自的职责范围内对安全生产违法行为行政处罚行使管辖权。

安全生产违法行为的行政处罚，由安全生产违法行为发生地的县级以上安全监管监察部门管辖。中央企业及其所属企业、有关人员的安全生产违法行为的行政处罚，由安全生产违法行为发生地的设区的市级以上安全监管监察部门管辖。

暂扣、吊销有关许可证和暂停、撤销有关执业资格、岗位证书的行政处罚，由发证机关决定。其中，暂扣有关许可证和暂停有关执业资格、岗位证书的期限一般不得超过 6 个月；法律、行政法规另有规定的，依照其规定。

给予关闭的行政处罚，由县级以上安全监管监察部门报请县级以上人民政府按照国务院规定的权限决定。

给予拘留的行政处罚，由县级以上安全监管监察部门建议公安机关依照治安管理处罚法的规定决定。

第七条 两个以上安全监管监察部门因行政处罚管辖权发生争议的，由其共同的上一级安全监管监察部门指定管辖。

第八条 对报告或者举报的安全生产违法行为，安全监管监察部门应当受理；发现不属于自己管辖的，应当及时移送有管辖权的部门。

受移送的安全监管监察部门对管辖权有异议的，应当报请共同的上一级安全监管监察部门指定管辖。

第九条 安全生产违法行为涉嫌犯罪的，安全监管监察部门应当将案件移送司法机关，依法追究刑事责任；尚不够刑事处罚但依法应当给予行政处罚的，由安全监管监察部门管辖。

第十条 上级安全监管监察部门可以直接查处下级安全监管监察部门管辖的案件，也可以将自己管辖的案件交由下级安全监管监察部门管辖。

下级安全监管监察部门可以将重大、疑难案件报请上级安全监管监察部门管辖。

第十一条 上级安全监管监察部门有权对下级安全监管监察部门违法或者不适当的行政处罚予以纠正或者撤销。

第十二条 安全监管监察部门根据需要，可以在其法定职权范围内委托符合《行政处罚法》第十九条规定条件的组织或者乡、镇人民政府以及街道办事处、开发区管理机构等地方人民政府的派出机构实施行政处罚。受委托的单位在委托范围内，以委托的安全监管监察部门名义实施行政处罚。

委托的安全监管监察部门应当监督检查受委托的单位实施行政处罚，并对其实施行政处罚的后果承担法律责任。

第三章 行政处罚的程序

第十三条 安全生产行政执法人员在执行公务时，必须出示省级以上安全生产监督管理部门或者县级以上地方人民政府统一制作的有效行政执法证件。其中对煤矿进行安全监察，必须出示国家安全生产监督管理总局统一制作的煤矿安全监察员证。

第十四条 安全监管监察部门及其行政执法人员在监督检查时发现生产经营单位存在事故隐患的，应当按照下列规定采取现场处理措施：

（一）能够立即排除的，应当责令立即排除；

（二）重大事故隐患排除前或者排除过程中无法保证安全的，应当责令从危险区域撤出作业人员，并责令暂时停产停业、停止建设、停止施工或者停止使用相关设施、设备，限期排除隐患。

隐患排除后，经安全监管监察部门审查同意，方可恢复生产经营和使用。

本条第一款第（二）项规定的责令暂时停产停业、停止建设、停止施工或者停止使用相关设施、设备的期限一般不超过6个月；法律、行政法规另有规定的，依照其规定。

第十五条 对有根据认为不符合安全生产的国家标准或者行业标准的在用设施、设备、器材，违法生产、储存、使用、经营、运输的危险物品，以及违法生产、储存、使用、经营危险物品的作业场所，安全监管监察部门应当依照《行政强制法》的规定予以查封或者扣押。查封或者扣押的期限不得超过30日，情况复杂的，经安全监管监察部门负责人批准，最多可以延长30日，并在查封或者扣押期限内作出处理决定：

（一）对违法事实清楚、依法应当没收的非法财物予以没收；

（二）法律、行政法规规定应当销毁的，依法销毁；

（三）法律、行政法规规定应当解除查封、扣押的，作出解除查封、扣押的决定。

实施查封、扣押，应当制作并当场交付查封、扣押决定书和清单。

第十六条 安全监管监察部门依法对存在重大事故隐患的生产经营单位作出停产停业、停止施工、停止使用相关设施、设备的决定，生产经营单位应当依法执行，及时消除事故隐患。生产经营单位拒不执行，有发生生产安全事故的现实危险的，在保证安全的前提下，经本部门主要负责人批准，安全监管监察部门可以采取通知有关单位停止供电、停止供应民用爆炸物品等措施，强制生产经营单位履行决定。通知应当采用书面形式，有关单位应当予以配合。

安全监管监察部门依照前款规定采取停止供电措施，除有危及生产安全的紧急情形外，应当提前24小时通知生产经营单位。生产经营单位依法履行行政决定、采取相应措施消除事故隐患的，安全监管监察部门应当及时解除前款规定的措施。

第十七条 生产经营单位被责令限期改正或者限期进行隐患排除治理的,应当在规定限期内完成。因不可抗力无法在规定限期内完成的,应当在进行整改或者治理的同时,于限期届满前10日内提出书面延期申请,安全监管监察部门应当在收到申请之日起5日内书面答复是否准予延期。

生产经营单位提出复查申请或者整改、治理限期届满的,安全监管监察部门应当自申请或者限期届满之日起10日内进行复查,填写复查意见书,由被复查单位和安全监管监察部门复查人员签名后存档。逾期未整改、未治理或者整改、治理不合格的,安全监管监察部门应当依法给予行政处罚。

第十八条 安全监管监察部门在作出行政处罚决定前,应当填写行政处罚告知书,告知当事人作出行政处罚决定的事实、理由、依据,以及当事人依法享有的权利,并送达当事人。当事人应当在收到行政处罚告知书之日起3日内进行陈述、申辩,或者依法提出听证要求,逾期视为放弃上述权利。

第十九条 安全监管监察部门应当充分听取当事人的陈述和申辩,对当事人提出的事实、理由和证据,应当进行复核;当事人提出的事实、理由和证据成立的,安全监管监察部门应当采纳。

安全监管监察部门不得因当事人陈述或者申辩而加重处罚。

第二十条 安全监管监察部门对安全生产违法行为实施行政处罚,应当符合决定程序,制作行政执法文书。

第一节 简易程序

第二十一条 违法事实确凿并有法定依据,对个人处以50元以下罚款、对生产经营单位处以1千元以下罚款或者警告的行政处罚的,安全生产行政执法人员可以当场作出行政处罚决定。

第二十二条 安全生产行政执法人员当场作出行政处罚决定,

应当填写预定格式、编有号码的行政处罚决定书并当场交付当事人。

安全生产行政执法人员当场作出行政处罚决定后应当及时报告,并在5日内报所属安全监管监察部门备案。

第二节 一般程序

第二十三条 除依照简易程序当场作出的行政处罚外,安全监管监察部门发现生产经营单位及其有关人员有应当给予行政处罚的行为的,应当予以立案,填写立案审批表,并全面、客观、公正地进行调查,收集有关证据。对确需立即查处的安全生产违法行为,可以先行调查取证,并在5日内补办立案手续。

第二十四条 对已经立案的案件,由立案审批人指定两名或者两名以上安全生产行政执法人员进行调查。

有下列情形之一的,承办案件的安全生产行政执法人员应当回避:

(一)本人是本案的当事人或者当事人的近亲属的;

(二)本人或者其近亲属与本案有利害关系的;

(三)与本人有其他利害关系,可能影响案件的公正处理的。

安全生产行政执法人员的回避,由派出其进行调查的安全监管监察部门的负责人决定。进行调查的安全监管监察部门负责人的回避,由该部门负责人集体讨论决定。回避决定作出之前,承办案件的安全生产行政执法人员不得擅自停止对案件的调查。

第二十五条 进行案件调查时,安全生产行政执法人员不得少于两名。当事人或者有关人员应当如实回答安全生产行政执法人员的询问,并协助调查或者检查,不得拒绝、阻挠或者提供虚假情况。

询问或者检查应当制作笔录。笔录应当记载时间、地点、询问和检查情况，并由被询问人、被检查单位和安全生产行政执法人员签名或者盖章；被询问人、被检查单位要求补正的，应当允许。被询问人或者被检查单位拒绝签名或者盖章的，安全生产行政执法人员应当在笔录上注明原因并签名。

第二十六条　安全生产行政执法人员应当收集、调取与案件有关的原始凭证作为证据。调取原始凭证确有困难的，可以复制，复制件应当注明"经核对与原件无异"的字样和原始凭证存放的单位及其处所，并由出具证据的人员签名或者单位盖章。

第二十七条　安全生产行政执法人员在收集证据时，可以采取抽样取证的方法；在证据可能灭失或者以后难以取得的情况下，经本单位负责人批准，可以先行登记保存，并应当在7日内作出处理决定：

（一）违法事实成立依法应当没收的，作出行政处罚决定，予以没收；依法应当扣留或者封存的，予以扣留或者封存；

（二）违法事实不成立，或者依法不应当予以没收、扣留、封存的，解除登记保存。

第二十八条　安全生产行政执法人员对与案件有关的物品、场所进行勘验检查时，应当通知当事人到场，制作勘验笔录，并由当事人核对无误后签名或者盖章。当事人拒绝到场的，可以邀请在场的其他人员作证，并在勘验笔录中注明原因并签名；也可以采用录音、录像等方式记录有关物品、场所的情况后，再进行勘验检查。

第二十九条　案件调查终结后，负责承办案件的安全生产行政执法人员应当填写案件处理呈批表，连同有关证据材料一并报本部门负责人审批。

安全监管监察部门负责人应当及时对案件调查结果进行审查，根据不同情况，分别作出以下决定：

（一）确有应受行政处罚的违法行为的，根据情节轻重及具体情况，作出行政处罚决定；

（二）违法行为轻微，依法可以不予行政处罚的，不予行政处罚；

（三）违法事实不能成立，不得给予行政处罚；

（四）违法行为涉嫌犯罪的，移送司法机关处理。

对严重安全生产违法行为给予责令停产停业整顿、责令停产停业、责令停止建设、责令停止施工、吊销有关许可证、撤销有关执业资格或者岗位证书、5万元以上罚款、没收违法所得、没收非法开采的煤炭产品或者采掘设备价值5万元以上的行政处罚的，应当由安全监管监察部门的负责人集体讨论决定。

第三十条　安全监管监察部门依照本办法第二十八条的规定给予行政处罚，应当制作行政处罚决定书。行政处罚决定书应当载明下列事项：

（一）当事人的姓名或者名称、地址或者住址；

（二）违法事实和证据；

（三）行政处罚的种类和依据；

（四）行政处罚的履行方式和期限；

（五）不服行政处罚决定，申请行政复议或者提起行政诉讼的途径和期限；

（六）作出行政处罚决定的安全监管监察部门的名称和作出决定的日期。

行政处罚决定书必须盖有作出行政处罚决定的安全监管监察部门的印章。

第三十一条　行政处罚决定书应当在宣告后当场交付当事人；当事人不在场的，安全监管监察部门应当在7日内依照民事诉讼法的有关规定，将行政处罚决定书送达当事人或者其他的法定受送达人：

（一）送达必须有送达回执，由受送达人在送达回执上注明收到日期，签名或者盖章；

（二）送达应当直接送交受送达人。受送达人是个人的，本人不在交他的同住成年家属签收，并在行政处罚决定书送达回执的备注栏内注明与受送达人的关系；

（三）受送达人是法人或者其他组织的，应当由法人的法定代表人、其他组织的主要负责人或者该法人、组织负责收件的人签收；

（四）受送达人指定代收人的，交代收人签收并注明受当事人委托的情况；

（五）直接送达确有困难的，可以挂号邮寄送达，也可以委托当地安全监管监察部门代为送达，代为送达的安全监管监察部门收到文书后，必须立即交受送达人签收；

（六）当事人或者他的同住成年家属拒绝接收的，送达人应当邀请有关基层组织或者所在单位的代表到场，说明情况，在行政处罚决定书送达回执上记明拒收的事由和日期，由送达人、见证人签名或者盖章，把行政处罚决定书留在受送达人的住所；也可以把行政处罚决定书留在受送达人的住所，并采用拍照、录像等方式记录送达过程，即视为送达；

（七）受送达人下落不明，或者用以上方式无法送达的，可以公告送达，自公告发布之日起经过60日，即视为送达。公告送达，应当在案卷中注明原因和经过。

安全监管监察部门送达其他行政处罚执法文书，按照前款规定办理。

第三十二条 行政处罚案件应当自立案之日起30日内作出行政处罚决定；由于客观原因不能完成的，经安全监管监察部门负责人同意，可以延长，但不得超过90日；特殊情况需进一步延长的，应当经上一级安全监管监察部门批准，可延长至180日。

第三节　听证程序

第三十三条　安全监管监察部门作出责令停产停业整顿、责令停产停业、吊销有关许可证、撤销有关执业资格、岗位证书或者较大数额罚款的行政处罚决定之前，应当告知当事人有要求举行听证的权利；当事人要求听证的，安全监管监察部门应当组织听证，不得向当事人收取听证费用。

前款所称较大数额罚款，为省、自治区、直辖市人大常委会或者人民政府规定的数额；没有规定数额的，其数额对个人罚款为2万元以上，对生产经营单位罚款为5万元以上。

第三十四条　当事人要求听证的，应当在安全监管监察部门依照本办法第十七条规定告知后3日内以书面方式提出。

第三十五条　当事人提出听证要求后，安全监管监察部门应当在收到书面申请之日起15日内举行听证会，并在举行听证会的7日前，通知当事人举行听证的时间、地点。

当事人应当按期参加听证。当事人有正当理由要求延期的，经组织听证的安全监管监察部门负责人批准可以延期1次；当事人未按期参加听证，并且未事先说明理由的，视为放弃听证权利。

第三十六条　听证参加人由听证主持人、听证员、案件调查人员、当事人及其委托代理人、书记员组成。

听证主持人、听证员、书记员应当由组织听证的安全监管监察部门负责人指定的非本案调查人员担任。

当事人可以委托1至2名代理人参加听证，并提交委托书。

第三十七条　除涉及国家秘密、商业秘密或者个人隐私外，听证应当公开举行。

第三十八条 当事人在听证中的权利和义务：

（一）有权对案件涉及的事实、适用法律及有关情况进行陈述和申辩；

（二）有权对案件调查人员提出的证据质证并提出新的证据；

（三）如实回答主持人的提问；

（四）遵守听证会场纪律，服从听证主持人指挥。

第三十九条 听证按照下列程序进行：

（一）书记员宣布听证会场纪律、当事人的权利和义务。听证主持人宣布案由，核实听证参加人名单，宣布听证开始；

（二）案件调查人员提出当事人的违法事实、出示证据，说明拟作出的行政处罚的内容及法律依据；

（三）当事人或者其委托代理人对案件的事实、证据、适用的法律等进行陈述和申辩，提交新的证据材料；

（四）听证主持人就案件的有关问题向当事人、案件调查人员、证人询问；

（五）案件调查人员、当事人或者其委托代理人相互辩论；

（六）当事人或者其委托代理人作最后陈述；

（七）听证主持人宣布听证结束。

听证笔录应当当场交当事人核对无误后签名或者盖章。

第四十条 有下列情形之一的，应当中止听证：

（一）需要重新调查取证的；

（二）需要通知新证人到场作证的；

（三）因不可抗力无法继续进行听证的。

第四十一条 有下列情形之一的，应当终止听证：

（一）当事人撤回听证要求的；

（二）当事人无正当理由不按时参加听证的；

（三）拟作出的行政处罚决定已经变更，不适用听证程序的。

第四十二条 听证结束后,听证主持人应当依据听证情况,填写听证会报告书,提出处理意见并附听证笔录报安全监管监察部门负责人审查。安全监管监察部门依照本办法第二十八条的规定作出决定。

第四章 行政处罚的适用

第四十三条 生产经营单位的决策机构、主要负责人、个人经营的投资人(包括实际控制人,下同)未依法保证下列安全生产所必需的资金投入之一,致使生产经营单位不具备安全生产条件的,责令限期改正,提供必需的资金,可以对生产经营单位处1万元以上3万元以下罚款,对生产经营单位的主要负责人、个人经营的投资人处5000元以上1万元以下罚款;逾期未改正的,责令生产经营单位停产停业整顿:

(一)提取或者使用安全生产费用;

(二)用于配备劳动防护用品的经费;

(三)用于安全生产教育和培训的经费;

(四)国家规定的其他安全生产所必须的资金投入。

生产经营单位主要负责人、个人经营的投资人有前款违法行为,导致发生生产安全事故的,依照《生产安全事故罚款处罚规定(试行)》的规定给予处罚。

第四十四条 生产经营单位的主要负责人未依法履行安全生产管理职责,导致生产安全事故发生的,依照《生产安全事故罚款处罚规定(试行)》的规定给予处罚。

第四十五条 生产经营单位及其主要负责人或者其他人员有下列行为之一的,给予警告,并可以对生产经营单位处1万元以上3万元以下罚款,对其主要负责人、其他有关人员处1千元以上1万元以下的罚款:

（一）违反操作规程或者安全管理规定作业的；

（二）违章指挥从业人员或者强令从业人员违章、冒险作业的；

（三）发现从业人员违章作业不加制止的；

（四）超过核定的生产能力、强度或者定员进行生产的；

（五）对被查封或者扣押的设施、设备、器材、危险物品和作业场所，擅自启封或者使用的；

（六）故意提供虚假情况或者隐瞒存在的事故隐患以及其他安全问题的；

（七）拒不执行安全监管监察部门依法下达的安全监管监察指令的。

第四十六条 危险物品的生产、经营、储存单位以及矿山、金属冶炼单位有下列行为之一的，责令改正，并可以处1万元以上3万元以下的罚款：

（一）未建立应急救援组织或者生产经营规模较小、未指定兼职应急救援人员的；

（二）未配备必要的应急救援器材、设备和物资，并进行经常性维护、保养，保证正常运转的。

第四十七条 生产经营单位与从业人员订立协议，免除或者减轻其对从业人员因生产安全事故伤亡依法应承担的责任的，该协议无效；对生产经营单位的主要负责人、个人经营的投资人按照下列规定处以罚款：

（一）在协议中减轻因生产安全事故伤亡对从业人员依法应承担的责任的，处2万元以上5万元以下的罚款；

（二）在协议中免除因生产安全事故伤亡对从业人员依法应承担的责任的，处5万元以上10万元以下的罚款。

第四十八条 生产经营单位不具备法律、行政法规和国家标准、行业标准规定的安全生产条件，经责令停产停业整顿仍不具备安全生产条件的，安全监管监察部门应当提请有管辖权的人民政府予以关闭；人民政府决定关闭的，安全监管监察部门应当依法吊销其有关许可证。

第四十九条　生产经营单位转让安全生产许可证的，没收违法所得，吊销安全生产许可证，并按照下列规定处以罚款：

（一）接受转让的单位和个人未发生生产安全事故的，处10万元以上30万元以下的罚款；

（二）接受转让的单位和个人发生生产安全事故但没有造成人员死亡的，处30万元以上40万元以下的罚款；

（三）接受转让的单位和个人发生人员死亡生产安全事故的，处40万元以上50万元以下的罚款。

第五十条　知道或者应当知道生产经营单位未取得安全生产许可证或者其他批准文件擅自从事生产经营活动，仍为其提供生产经营场所、运输、保管、仓储等条件的，责令立即停止违法行为，有违法所得的，没收违法所得，并处违法所得1倍以上3倍以下的罚款，但是最高不得超过3万元；没有违法所得的，并处5千元以上1万元以下的罚款。

第五十一条　生产经营单位及其有关人员弄虚作假，骗取或者勾结、串通行政审批工作人员取得安全生产许可证书及其他批准文件的，撤销许可及批准文件，并按照下列规定处以罚款：

（一）生产经营单位有违法所得的，没收违法所得，并处违法所得1倍以上3倍以下的罚款，但是最高不得超过3万元；没有违法所得的，并处5千元以上1万元以下的罚款；

（二）对有关人员处1千元以上1万元以下的罚款。

有前款规定违法行为的生产经营单位及其有关人员在3年内不得再次申请该行政许可。

生产经营单位及其有关人员未依法办理安全生产许可证书变更手续的,责令限期改正,并对生产经营单位处1万元以上3万元以下的罚款,对有关人员处1千元以上5千元以下的罚款。

第五十二条 未取得相应资格、资质证书的机构及其有关人员从事安全评价、认证、检测、检验工作,责令停止违法行为,并按照下列规定处以罚款:

(一) 机构有违法所得的,没收违法所得,并处违法所得1倍以上3倍以下的罚款,但是最高不得超过3万元;没有违法所得的,并处5千元以上1万元以下的罚款;

(二) 有关人员处5千元以上1万元以下的罚款。

第五十三条 生产经营单位及其有关人员触犯不同的法律规定,有两个以上应当给予行政处罚的安全生产违法行为的,安全监管监察部门应当适用不同的法律规定,分别裁量,合并处罚。

第五十四条 对同一生产经营单位及其有关人员的同一安全生产违法行为,不得给予两次以上罚款的行政处罚。

第五十五条 生产经营单位及其有关人员有下列情形之一的,应当从重处罚:

(一) 危及公共安全或者其他生产经营单位安全的,经责令限期改正,逾期未改正的;

(二) 一年内因同一违法行为受到两次以上行政处罚的;

(三) 拒不整改或者整改不力,其违法行为呈持续状态的;

(四) 拒绝、阻碍或者以暴力威胁行政执法人员的。

第五十六条 生产经营单位及其有关人员有下列情形之一的,应当依法从轻或者减轻行政处罚:

(一) 已满14周岁不满18周岁的公民实施安全生产违法行为的;

(二) 主动消除或者减轻安全生产违法行为危害后果的;

（三）受他人胁迫实施安全生产违法行为的；

（四）配合安全监管监察部门查处安全生产违法行为，有立功表现的；

（五）主动投案，向安全监管部门如实交待自己的违法行为的；

（六）具有法律、行政法规规定的其他从轻或者减轻处罚情形的。

有从轻处罚情节的，应当在法定处罚幅度的中档以下确定行政处罚标准，但不得低于法定处罚幅度的下限。

本条第一款第四项所称的立功表现，是指当事人有揭发他人安全生产违法行为，并经查证属实；或者提供查处其他安全生产违法行为的重要线索，并经查证属实；或者阻止他人实施安全生产违法行为；或者协助司法机关抓捕其他违法犯罪嫌疑人的行为。

安全生产违法行为轻微并及时纠正，没有造成危害后果的，不予行政处罚。

第五章 行政处罚的执行和备案

第五十七条 安全监管监察部门实施行政处罚时，应当同时责令生产经营单位及其有关人员停止、改正或者限期改正违法行为。

第五十八条 本办法所称的违法所得，按照下列规定计算：

（一）生产、加工产品的，以生产、加工产品的销售收入作为违法所得；

（二）销售商品的，以销售收入作为违法所得；

（三）提供安全生产中介、租赁等服务的，以服务收入或者报酬作为违法所得；

（四）销售收入无法计算的，按当地同类同等规模的生产经营单位的平均销售收入计算；

（五）服务收入、报酬无法计算的，按照当地同行业同种服务的平均收入或者报酬计算。

第五十九条 行政处罚决定依法作出后，当事人应当在行政处罚决定的期限内，予以履行；当事人逾期不履的，作出行政处罚决定的安全监管监察部门可以采取下列措施：

（一）到期不缴纳罚款的，每日按罚款数额的3%加处罚款，但不得超过罚款数额；

（二）根据法律规定，将查封、扣押的设施、设备、器材拍卖所得价款抵缴罚款；

（三）申请人民法院强制执行。

当事人对行政处罚决定不服申请行政复议或者提起行政诉讼的，行政处罚不停止执行，法律另有规定的除外。

第六十条 安全生产行政执法人员当场收缴罚款的，应当出具省、自治区、直辖市财政部门统一制发的罚款收据；当场收缴的罚款，应当自收缴罚款之日起2日内，交至所属安全监管监察部门；安全监管监察部门应当在2日内将罚款缴付指定的银行。

第六十一条 除依法应当予以销毁的物品外，需要将查封、扣押的设施、设备、器材和危险物品拍卖抵缴罚款的，依照法律或者国家有关规定处理。销毁物品，依照国家有关规定处理；没有规定的，经县级以上安全监管监察部门负责人批准，由两名以上安全生产行政执法人员监督销毁，并制作销毁记录。处理物品，应当制作清单。

第六十二条 罚款、没收违法所得的款项和没收非法开采的煤炭产品、采掘设备，必须按照有关规定上缴，任何单位和个人不得截留、私分或者变相私分。

第六十三条 县级安全生产监督管理部门处以5万元以上罚

款、没收违法所得、没收非法生产的煤炭产品或者采掘设备价值 5 万元以上、责令停产停业、停止建设、停止施工、停产停业整顿、吊销有关资格、岗位证书或者许可证的行政处罚的,应当自作出行政处罚决定之日起 10 日内报设区的市级安全生产监督管理部门备案。

第六十四条 设区的市级安全生产监管监察部门处以 10 万元以上罚款、没收违法所得、没收非法生产的煤炭产品或者采掘设备价值 10 万元以上、责令停产停业、停止建设、停止施工、停产停业整顿、吊销有关资格、岗位证书或者许可证的行政处罚的,应当自作出行政处罚决定之日起 10 日内报省级安全监管监察部门备案。

第六十五条 省级安全监管监察部门处以 50 万元以上罚款、没收违法所得、没收非法生产的煤炭产品或者采掘设备价值 50 万元以上、责令停产停业、停止建设、停止施工、停产停业整顿、吊销有关资格、岗位证书或者许可证的行政处罚的,应当自作出行政处罚决定之日起 10 日内报国家安全生产监督管理总局或者国家煤矿安全监察局备案。

对上级安全监管监察部门交办案件给予行政处罚的,由决定行政处罚的安全监管监察部门自作出行政处罚决定之日起 10 日内报上级安全监管监察部门备案。

第六十六条 行政处罚执行完毕后,案件材料应当按照有关规定立卷归档。

案卷立案归档后,任何单位和个人不得擅自增加、抽取、涂改和销毁案卷材料。未经安全监管监察部门负责人批准,任何单位和个人不得借阅案卷。

第六章 附 则

第六十七条 安全生产监督管理部门所用的行政处罚文书式

样，由国家安全生产监督管理总局统一制定。

煤矿安全监察机构所用的行政处罚文书式样，由国家煤矿安全监察局统一制定。

第六十八条 本办法所称的生产经营单位，是指合法和非法从事生产或者经营活动的基本单元，包括企业法人、不具备企业法人资格的合伙组织、个体工商户和自然人等生产经营主体。

第六十九条 本办法自 2008 年 1 月 1 日起施行。原国家安全生产监督管理局（国家煤矿安全监察局）2003 年 5 月 19 日公布的《安全生产违法行为行政处罚办法》、2001 年 4 月 27 日公布的《煤矿安全监察程序暂行规定》同时废止。

商务部行政处罚实施办法（试行）

中华人民共和国商务部令
2005 年第 1 号

《商务部行政处罚实施办法》（试行）已于 2004 年 12 月 29 日经第 18 次部务会议审议通过，现予公布，于 2005 年 3 月 1 日起施行。

中华人民共和国商务部部长
二〇〇五年一月七日

第一条 为了规范商务部行政处罚的实施，保障行政处罚的合法性和有效性，保护公民、法人或者其他组织的合法权益，维护公共利益和经济秩序，根据《中华人民共和国行政处罚法》，制定本办法。

第二条 商务部实施行政处罚，适用本办法。

第三条 本办法所称行政处罚是指，商务部根据法律、行政法规和规章的规定，对公民、法人或其他组织违反行政管理秩序的行为所给予的惩戒。

第四条 商务部实施行政处罚应当遵循公正、公开的原则，并保障公民、法人或其他组织的陈述权、申辩权、要求举行听证权、申请行政复议或行政诉讼的权利。

第五条 商务部实施行政处罚，应当以法律、行政法规和规章为依据，并依照法定程序实施。

第六条 行政处罚由商务部在法定职权范围内实施，商务部所属机构（包括内设机构、各特派员办事处、直属事业单位等）不得以自己的名义实施行政处罚。

没有法律、行政法规或规章的规定，商务部不得委托《行政处罚法》第十九条规定的组织实施行政处罚。

第七条 商务部对警告和人民币3万元以下（含3万元，下同）罚款的行政处罚（以下简称较轻行政处罚）实行案件调查和案件审理合一的制度。

对除第一款以外的行政处罚（以下简称重大行政处罚）实行案件调查与案件审理分开的制度。

第八条 商务部行政处罚案件的调查机关是案件所涉及的业务部门。必要时，该业务部门可以会同其他相关部门共同调查案件。

第九条 商务部有关部门发现公民、法人或者其他组织有违反行政管理秩序的行为时，应及时展开调查工作。

第十条 行政处罚案件调查终结后，拟处以较轻行政处罚的案件，调查机关应根据《行政处罚法》第三十一条的规定，书面通知当事人拟作出行政处罚的事实、理由及依据，并告知当事人依法享有陈述、申辩的权利。

当事人要求陈述和申辩的，应当在收到书面通知后3日内提出。调查机关应当充分听取当事人意见，并对有关情况进行复核。

第十一条 调查机关在对当事人的陈述、申辩意见复核后，认为应当给予较轻行政处罚的，由调查机关起草《行政处罚决定书》，征求商务部法制工作机构意见后上报部领导。

第十二条 在按照第十一条征求意见时，法制工作机构认为应当处以重大行政处罚的，由调查机关按照本办法第十三条的规定办理。

第十三条 行政处罚案件调查终结后，拟处以重大行政处罚的，调查机关应当制作《案件调查终结报告》，连同案件全部材料一并移交商务部行政处罚委员会。

《案件调查终结报告》应写明案件的事实情况、调查过程、相关证据及违反的法律规定，并对案件的处理及依据提出初步意见。

第十四条 商务部设立行政处罚委员会，作为商务部重大行政处罚案件的审理机构。行政处罚委员会通过召开听证会、审理会等方式审理行政处罚案件。

商务部法制工作机构是商务部行政处罚委员会的办事机构，负责组织、安排行政处罚委员会的审理会和听证会，制作相关法律文书，承担行政处罚委员会的日常工作。

第十五条 《案件调查终结报告》及案件材料移送行政处罚委员会后，由法制工作机构进行初步审查。

第十六条 法制工作机构认为案件中个别事实不清的，可以要求调查机关作出解释、说明。

必要时，法制工作机构可以直接向有关单位及人员调查、了解情况。

第十七条 法制工作机构经过审查，认为案件事实不清、证据不足的可以退回调查机关补充调查。

第十八条 法制工作机构经审查，认为案件主要事实清楚、证据充分的，应依法提出初步处理意见。拟作出行政处罚的，应当根据《行政处罚法》第三十一条的规定书面通知当事人拟作出行政处罚的事实、理由及依据，并告知当事人依法享有陈述、申辩的权利。

当事人要求陈述和申辩的，应当在收到书面通知后3日内提出。法制工作机构应当充分听取当事人意见，并对有关情况进行复核。

第十九条　商务部作出较大数额罚款或责令停产停业、吊销许可证或执照的行政处罚决定之前，应当书面告知当事人有要求举行听证的权利。

第二十条　当事人要求举行听证的，由商务部行政处罚委员会按照《行政处罚法》第五章第三节的规定举行听证会。

第二十一条　复核或听证结束后，由法制工作机构将案件的全部材料提交行政处罚委员会，由行政处罚委员会召开审理会对案件进行审理。

第二十二条　行政处罚委员会对案件的下列内容进行审理：

（一）违法事实是否清楚；

（二）证据是否确凿；

（三）是否符合法定程序；

（四）当事人陈述和申辩的理由是否成立；

（五）应当适用的法律规定；

（六）处罚种类和幅度。

第二十三条　行政处罚委员会经集体讨论，充分协商，根据案件不同情况，分别提出如下处理意见：

（一）认为涉嫌构成犯罪的，交由调查机关报部领导批准后移送司法机关；

（二）认为违法事实不成立的，不得给予行政处罚；

（三）违法行为轻微、依法可以不予处罚的，不予行政处罚；

（四）确有应受行政处罚的违法行为的，由法制工作机构按照行政处罚委员会的审理意见起草《行政处罚决定书》，报部领导批准。

第二十四条　《行政处罚决定书》作出后，由调查机关按照《行政处罚法》第四十条和《民事诉讼法》第七章第二节的规定，当场交付当事人或在《行政处罚决定书》作出之日起7日内送达当事人或其委托代理人。调查机关应当保存送达回执，待案件结束后一并归档。

受送达人应在送达回执上注明收到的日期，并签名或盖章。受送达人在送达回执上的签收日期为送达日期。邮寄送达以挂号回执上注明的收件日期为送达日期。

第二十五条　当事人应当在《行政处罚决定书》确定的期限内履行行政处罚决定。逾期不履行行政处罚决定的，商务部可采取《行政处罚法》第五十一条规定的措施，予以执行。

第二十六条　商务部在执行罚款、没收违法所得等行政处罚时，应当实行罚缴分离的制度。罚款及没收违法所得应交至商务部在罚款收缴机构设立的罚没款专用账户，罚没款应全部上缴国库。

第二十七条　当事人确有经济困难，需要延期或分期缴纳罚款的，应当在《行政处罚决定书》规定的缴款日期前向调查机关提出申请，并附相关证明材料（包括财务报告）。

第二十八条　调查机关收到申请后，会同商务部法制工作机构研究并提出意见，报部领导批准后，作出《延期、分期缴纳答复书》。

第二十九条　经批准延期或分期缴纳罚款的，当事人应在《延期、分期缴纳答复书》确定的期限内缴纳罚款，并不得再次申请延期或分期缴纳。

申请未获批准的，当事人应在《延期、分期缴纳答复书》确定的期限内缴纳罚款。

第三十条　行政处罚决定执行完毕后，调查机关应当及时将案件材料立卷归档。立卷归档的材料主要包括：案件调查终结报告、行政处罚预先告知材料、当事人陈述申辩材料、听证笔录、行政处罚决定书、送达回执、相关证据材料等与行政处罚案件相关的材料。

第三十一条 除涉及国家秘密、商业秘密和个人隐私外,《行政处罚决定书》在商务部网站上公布,备公众查询。

第三十二条 本办法不适用于商务部对部机关各单位工作人员所做的行政处分及其他人事处理决定。

第三十三条 本办法由商务部负责解释。

第三十四条 本办法自2005年3月1日起施行。

国土资源行政处罚办法

中华人民共和国国土资源部令

第 60 号

《国土资源行政处罚办法》已经 2014 年 4 月 10 日国土资源部第 2 次部务会议审议通过,现予以发布,自 2014 年 7 月 1 日起施行。

国土资源部部长
2014 年 5 月 7 日

第一章 总 则

第一条 为规范国土资源行政处罚的实施,保障和监督国土资源主管部门依法履行职责,保护自然人、法人或者其他组织的合法权益,根据《中华人民共和国行政处罚法》以及《中华人民共和国土地管理法》、《中华人民共和国矿产资源法》等国土资源管理法律法规,制定本办法。

第二条 县级以上国土资源主管部门依照法定职权和程序,对自然人、法人或者其他组织违反国土资源管理法律法规的行为实施行政处罚,适用本办法。

第三条 国土资源主管部门实施行政处罚,遵循公正、公开的原则,做到事实清楚,证据确凿,定性准确,依据正确,程序合法,处罚适当。

第四条 国土资源行政处罚包括:

(一)警告;

(二) 罚款;

(三) 没收违法所得、没收非法财物;

(四) 限期拆除;

(五) 吊销勘查许可证和采矿许可证;

(六) 法律法规规定的其他行政处罚。

第二章 管 辖

第五条 国土资源违法案件由土地、矿产资源所在地的县级国土资源主管部门管辖,但法律法规以及本办法另有规定的除外。

第六条 省级、市级国土资源主管部门管辖本行政区域内重大、复杂和法律法规规定应当由其管辖的国土资源违法案件。

第七条 国土资源部管辖全国范围内重大、复杂和法律法规规定应当由其管辖的国土资源违法案件。

第八条 有下列情形之一的,上级国土资源主管部门有权管辖下级国土资源主管部门管辖的案件:

(一) 下级国土资源主管部门应当立案调查而不予立案调查的;

(二) 案情复杂,情节恶劣,有重大影响的。

上级国土资源主管部门可以将本级管辖的案件交由下级国土资源主管部门管辖,但是法律法规规定应当由其管辖的除外。

第九条 有管辖权的国土资源主管部门由于特殊原因不能行使管辖权的,可以报请上一级国土资源主管部门指定管辖。

国土资源主管部门之间因管辖权发生争议的,报请共同的上一级国土资源主管部门指定管辖。

上一级国土资源主管部门应当在接到指定管辖申请之日起七个工作日内,作出管辖决定。

第十条 国土资源主管部门发现违法案件不属于本部门管辖

的，应当移送有管辖权的国土资源主管部门或者其他部门。受移送的国土资源主管部门对管辖权有异议的，应当报请上一级国土资源主管部门指定管辖，不得再自行移送。

第三章 立案、调查和审理

第十一条 国土资源主管部门发现自然人、法人或者其他组织行为涉嫌违法的，应当及时核查。对正在实施的违法行为，应当依法及时下达《责令停止违法行为通知书》予以制止。

《责令停止违法行为通知书》应当记载下列内容：

（一）违法行为人的姓名或者名称；

（二）违法事实和依据；

（三）其他应当记载的事项。

第十二条 符合下列条件的，国土资源主管部门应当在十个工作日内予以立案：

（一）有明确的行为人；

（二）有违反国土资源管理法律法规的事实；

（三）依照国土资源管理法律法规应当追究法律责任；

（四）属于本部门管辖；

（五）违法行为没有超过追诉时效。

违法行为轻微并及时纠正，没有造成危害后果的，可以不予立案。

第十三条 立案后，国土资源主管部门应当指定案件承办人员，及时组织调查取证。调查取证时，案件调查人员应当不少于二人，并应当向被调查人出示执法证件。

第十四条 调查人员与案件有直接利害关系的，应当回避。

第十五条 国土资源主管部门进行调查取证，有权采取下列措施：

（一）要求被调查的单位或者个人提供有关文件和资料，并就与案件有关的问题作出说明；

（二）询问当事人以及相关人员，进入违法现场进行检查、勘测、拍照、录音、摄像，查阅和复印相关材料；

（三）依法可以采取的其他措施。

第十六条　当事人拒绝调查取证或者采取暴力、威胁的方式阻碍国土资源主管部门调查取证的，国土资源主管部门可以提请公安机关、检察机关、监察机关或者相关部门协助，并向本级人民政府或者上一级国土资源主管部门报告。

第十七条　依法取得并能够证明案件事实情况的书证、物证、视听资料、计算机数据、证人证言、当事人陈述、询问笔录、现场勘测笔录、鉴定结论、认定结论等，作为国土资源行政处罚的证据。

第十八条　调查人员应当收集、调取与案件有关的书证、物证、视听资料、计算机数据的原件、原物、原始载体；收集、调取原件、原物、原始载体确有困难的，可以收集、调取复印件、复制件、节录本、照片、录像等。声音资料应当附有该声音内容的文字记录。

第十九条　证人证言应当符合下列要求：

（一）注明证人的姓名、年龄、性别、职业、住址、联系方式等基本情况；

（二）有证人的签名，不能签名的，应当按手印或者盖章；

（三）注明出具日期；

（四）附有居民身份证复印件等证明证人身份的文件。

第二十条　当事人请求自行提供陈述材料的，应当准许。必要时，调查人员也可以要求当事人自行书写。当事人应当在其提供的陈述材料上签名、按手印或者盖章。

第二十一条 询问应当个别进行，并制作询问笔录。询问笔录应当记载询问的时间、地点和询问情况等。

第二十二条 现场勘测一般由案件调查人实施，也可以委托有资质的单位实施。现场勘测应当制作现场勘测笔录。

第二十三条 为查明事实，需要对案件中的有关问题进行检验鉴定的，国土资源主管部门可以委托具有相应资质的机构进行。

第二十四条 案件调查终结，案件承办人员应当提交调查报告。调查报告应当包括当事人的基本情况、违法事实以及法律依据、相关证据、违法性质、违法情节、违法后果，并提出依法应当不予行政处罚或者给予行政处罚以及给予何种行政处罚的处理意见。

涉及需要追究党纪、政纪或者刑事责任的，应当提出移送有权机关的建议。

第二十五条 国土资源主管部门在审理案件调查报告时，应当就下列事项进行审理：

（一）事实是否清楚、证据是否确凿；

（二）定性是否准确；

（三）适用法律是否正确；

（四）程序是否合法；

（五）拟定的处理意见是否适当。

经审理发现调查报告存在问题的，可以要求调查人员重新调查或者补充调查。

第四章 决 定

第二十六条 审理结束后，国土资源主管部门根据不同情况，分别作出下列决定：

（一）违法事实清楚、证据确凿、依据正确、调查审理符合法定程序的，作出行政处罚决定；

（二）违法情节轻微、依法可以不给予行政处罚的，不予行政处罚；

（三）违法事实不成立的，不得给予行政处罚；

（四）违法行为涉及需要追究党纪、政纪或者刑事责任的，移送有权机关。

第二十七条　违法行为依法需要给予行政处罚的，国土资源主管部门应当制作《行政处罚告知书》，按照法律规定的方式，送达当事人。当事人有权进行陈述和申辩。陈述和申辩应当在收到《行政处罚告知书》后三个工作日内提出。口头形式提出的，案件承办人员应当制作笔录。

第二十八条　对拟给予较大数额罚款或者吊销勘查许可证、采矿许可证等行政处罚的，国土资源主管部门应当制作《行政处罚听证告知书》，按照法律规定的方式，送达当事人。当事人要求听证的，应当在收到《行政处罚听证告知书》后三个工作日内提出。

国土资源行政处罚听证适用《国土资源听证规定》。

第二十九条　当事人未在规定时间内陈述、申辩或者要求听证的，以及陈述、申辩或者听证中提出的事实、理由或者证据不成立的，国土资源主管部门应当依法制作《行政处罚决定书》，并按照法律规定的方式，送达当事人。

《行政处罚决定书》中应当包括行政处罚告知、当事人陈述、申辩或者听证的情况。

《行政处罚决定书》一经送达，即发生法律效力。当事人对行政处罚决定不服申请行政复议或者提起行政诉讼的，在行政复议或者行政诉讼期间，行政处罚决定不停止执行；法律另有规定的除外。

《行政处罚决定书》应当加盖作出处罚决定的国土资源主管部门的印章。

第三十条　法律法规规定的责令改正或者责令限期改正，可以与行政处罚决定一并作出，也可以在作出行政处罚决定之前单独作出。

第三十一条　当事人有两个以上国土资源违法行为的，国土资源主管部门可以制作一份《行政处罚决定书》，合并执行。《行政处罚决定书》应当明确对每个违法行为的处罚内容和合并执行的内容。

违法行为有两个以上当事人的，可以分别作出行政处罚决定，制作一式多份《行政处罚决定书》，分别送达当事人。行政处罚决定书应当明确给予每个当事人的处罚内容。

第三十二条　国土资源主管部门应当自立案之日起六十日内作出行政处罚决定。

案情复杂，不能在规定期限内作出行政处罚决定的，经本级国土资源主管部门负责人批准，可以适当延长，但延长期限不得超过三十日，案情特别复杂的除外。

第五章　执　行

第三十三条　行政处罚决定生效后，当事人逾期不履行的，国土资源主管部门除采取法律法规规定的措施外，还可以采取以下措施：

（一）向本级人民政府和上一级国土资源主管部门报告；

（二）向当事人所在单位或者其上级主管部门通报；

（三）向社会公开通报；

（四）停止办理或者告知相关部门停止办理当事人与本案有关的许可、审批、登记等手续。

第三十四条 国土资源主管部门申请人民法院强制执行前,有充分理由认为被执行人可能逃避执行的,可以申请人民法院采取财产保全措施。

第三十五条 国土资源主管部门作出没收矿产品、建筑物或者其他设施的行政处罚决定后,应当在行政处罚决定生效后九十日内移交同级财政部门处理,或者拟订处置方案报本级人民政府批准后实施。法律法规另有规定的,从其规定。

第三十六条 国土资源主管部门申请人民法院强制执行前,应当催告当事人履行义务。

当事人在法定期限内不申请行政复议或者提起行政诉讼,又不履行的,国土资源主管部门可以自期限届满之日起三个月内,向土地、矿产资源所在地有管辖权的人民法院申请强制执行。

第三十七条 国土资源主管部门向人民法院申请强制执行,应当提供下列材料:

(一)《强制执行申请书》;
(二)《行政处罚决定书》及作出决定的事实、理由和依据;
(三)当事人的意见及催告情况;
(四)申请强制执行标的情况;
(五)法律法规规定的其他材料。

《强制执行申请书》应当加盖国土资源主管部门的印章。

第三十八条 符合下列条件之一的,经国土资源主管部门负责人批准,案件结案:

(一)执行完毕的;
(二)终结执行的;
(三)已经依法申请人民法院强制执行的;
(四)其他应当结案的情形。

涉及需要移送有关部门追究党纪、政纪或者刑事责任的，应当在结案前移送。

第六章　监督管理

第三十九条　国土资源主管部门应当通过定期或者不定期检查等方式，加强对下级国土资源主管部门实施行政处罚工作的监督，其中要将发现制止违法、依法履行行政处罚职责等情况作为监督检查的重点内容。

第四十条　国土资源主管部门应当建立重大违法案件公开通报制度，将案情和处理结果向社会公开通报并接受社会监督。

第四十一条　国土资源主管部门应当建立重大违法案件挂牌督办制度，明确提出办理要求，公开督促下级国土资源主管部门限期办理并接受社会监督。

第四十二条　国土资源主管部门应当建立违法案件统计制度。下级国土资源主管部门应当定期将本行政区域内的违法形势分析、案件发生情况、查处情况等逐级上报。

第四十三条　国土资源主管部门应当建立国土资源违法案件错案追究制度。行政处罚决定错误并造成严重后果的，作出处罚决定的机关应当承担相应的责任。

第四十四条　国土资源主管部门应当配合有关部门加强对行政处罚实施过程中的社会稳定风险防控。

第七章　法律责任

第四十五条　县级以上国土资源主管部门直接负责的主管人员和其他直接责任人员，违反本办法规定，有下列情形之一，致使公民、法人或者其他组织的合法权益、公共利益和社会秩序遭受损害的，应当依法给予处分：

（一）对违法行为未依法制止的；

（二）应当依法立案查处，无正当理由未依法立案查处的；

（三）在制止以及查处违法案件中受阻，依照有关规定应当向本级人民政府或者上级国土资源主管部门报告而未报告的；

（四）应当依法进行行政处罚而未依法处罚的；

（五）应当依法申请强制执行、提出行政处分建议或者移送有权机关追究党纪、政纪或者刑事责任，而未依法申请强制执行、提出行政处分建议、移送有权机关的；

（六）其他徇私枉法、滥用职权、玩忽职守的情形。

第八章　附　则

第四十六条　国土资源行政处罚法律文书格式，由国土资源部统一制定。

第四十七条　本办法自 2014 年 7 月 1 日起施行。原地质矿产部 1993 年 7 月 19 日发布的《违反矿产资源法规行政处罚办法》和原国家土地管理局 1995 年 12 月 18 日发布的《土地违法案件查处办法》同时废止。

中华人民共和国海上海事行政处罚规定

(2015年5月29日交通运输部发布；根据2017年5月23日交通运输部《关于修改〈中华人民共和国海上海事行政处罚规定〉的决定》修正)

第一章　总　则

第一条　为规范海上海事行政处罚行为，保护当事人的合法权益，保障和监督海上海事行政管理，维护海上交通秩序，防止船舶污染水域，根据《海上交通安全法》、《海洋环境保护法》、《行政处罚法》及其他有关法律、行政法规，制定本规定。

第二条　对在中华人民共和国（简称中国）管辖沿海水域及相关陆域发生的，或者在中国管辖沿海水域及相关陆域外但属于中国籍的海船发生的违反海事行政管理秩序的行为实施海事行政处罚，适用本规定。

中国籍船员在中国管辖沿海水域及相关陆域外违反海事行政管理秩序，并且按照中国有关法律、行政法规应当处以行政处罚的行为实施海事行政处罚，适用本规定。

第三条　实施海事行政处罚，应当遵循合法、公开、公正，处罚与教育相结合的原则。

第四条　海事行政处罚，由海事管理机构依法实施。

第二章　海事行政处罚的适用

第五条　海事管理机构实施海事行政处罚时，应当责令当事人改正或者限期改正海事行政违法行为。

第六条　对有两个或者两个以上海事行政违法行为的同一当

事人，应当分别处以海事行政处罚，合并执行。

对有共同海事行政违法行为的当事人，应当分别处以海事行政处罚。

第七条 实施海事行政处罚，应当与海事行政违法行为的事实、性质、情节以及社会危害程度相适应。

第八条 海事行政违法行为的当事人有下列情形之一的，应当依照《行政处罚法》第二十七条的规定，从轻或者减轻给予海事行政处罚：

（一）主动消除或者减轻海事行政违法行为危害后果的；

（二）受他人胁迫实施海事行政违法行为的；

（三）配合海事管理机构查处海事行政违法行为有立功表现的；

（四）法律、行政法规规定应当依法从轻或者减轻行政处罚的情形。

海事行政违法行为轻微并及时得到纠正，没有造成危害后果的，不予海事行政处罚。

本条第一款所称依法从轻给予海事行政处罚，是指在法定的海事行政处罚种类、幅度范围内给予较轻的海事行政处罚。

本条第一款所称依法减轻给予海事行政处罚，是指在法定的海事行政处罚种类、幅度最低限以下给予海事行政处罚。

有海事行政违法行为的中国籍船舶和船员在境外已经受到处罚的，不得重复给予海事行政处罚。

第九条 海事行政违法行为的当事人有下列情形之一的，应当从重处以海事行政处罚：

（一）造成较为严重后果或者情节恶劣；

（二）一年内因同一海事行政违法行为受过海事行政处罚；

（三）胁迫、诱骗他人实施海事行政违法行为；

（四）伪造、隐匿、销毁海事行政违法行为证据；

（五）拒绝接受或者阻挠海事管理机构实施监督管理；

（六）法律、行政法规规定应当从重处以海事行政处罚的其他情形。

本条第一款所称从重给予海事行政处罚，是指在法定的海事行政处罚种类、幅度范围内给予较重的海事行政处罚。

本条第一款第（二）项所称的一年内是指自该违法行为发生日之前12个月内。

第十条 对当事人的同一个海事行政违法行为，不得给予两次以上海事行政处罚。

当事人未按照海事管理机构规定的期限和要求改正海事行政违法行为的，属于新的海事行政违法行为。

第三章 海事行政违法行为和行政处罚

第一节 违反安全营运管理秩序

第十一条 违反船舶安全营运管理秩序，有下列行为之一的，对船舶所有人或者船舶经营人处以5000元以上3万元以下罚款：

（一）未按规定取得安全营运与防污染管理体系符合证明或者临时符合证明从事航行或者其他有关活动；

（二）隐瞒事实真相或者提供虚假材料或者以其他不正当手段骗取安全营运与防污染管理体系符合证明或者临时符合证明；

（三）伪造、变造安全营运与防污染管理体系审核的符合证明或者临时符合证明；

（四）转让、买卖、租借、冒用安全营运与防污染管理体系审核的符合证明或者临时符合证明。

第十二条 违反船舶安全营运管理秩序，有下列行为之一的，对船舶所有人或者船舶经营人处以 5000 元以上 3 万元以下罚款；对船长处以 2000 元以上 2 万元以下的罚款，情节严重的，并给予扣留船员适任证书 6 个月至 24 个月直至吊销船员适任证书的处罚：

（一）未按规定取得船舶安全管理证书或者临时船舶安全管理证书从事航行或者其他有关活动；

（二）隐瞒事实真相或者提供虚假材料或者以其他不正当手段骗取船舶安全管理证书或者临时船舶安全管理证书；

（三）伪造、变造船舶安全管理证书或者临时船舶安全管理证书；

（四）转让、买卖、租借、冒用船舶安全管理证书或者临时船舶安全管理证书。

第十三条 违反安全营运管理秩序，有下列情形之一，造成严重后果的，对船舶所有人或者船舶经营人吊销安全营运与防污染管理体系（临时）符合证明：

（一）不掌控船舶安全配员；

（二）不掌握船舶动态；

（三）不掌握船舶装载情况；

（四）船舶管理人不实际履行安全管理义务；

（五）安全管理体系运行存在重大问题。

第二节 违反船舶、海上设施检验和登记管理秩序

第十四条 违反《海上交通安全法》第四条的规定，船舶和船舶上有关航行安全、防治污染等重要设备无相应的有效的检验证书的，依照《海上交通安全法》第四十四条的规定，对船舶所有人或者船舶经营人处以 2000 元以上 3 万元以下罚款。

本条前款所称船舶和船舶上有关重要设备无相应的有效的检

验证书，包括下列情形：

（一）没有取得相应的检验证书；

（二）持有的检验证书属于伪造、变造、转让、买卖或者租借的；

（三）持有的检验证书失效；

（四）检验证书损毁、遗失但不按照规定补办。

第十五条 违反《海上交通安全法》第十六条规定，大型设施和移动式平台的海上拖带，未经船舶检验机构进行拖航检验，并报海事管理机构核准，依照《海上交通安全法》第四十四条的规定，对船舶、设施所有人或者经营人处以2000元以上2万元以下罚款，对船长处以1000元以上1万元以下罚款，并扣留船员适任证书6个月至12个月，对设施主要负责人处以1000元以上1万元以下罚款。

第十六条 违反《海上交通安全法》第十七条规定，船舶的实际状况同船舶检验证书所载不相符合，船舶未按照海事管理机构的要求申请重新检验或者采取有效的安全措施，依照《海上交通安全法》第四十四条的规定，对船舶所有人或者船舶经营人处以2000元以上3万元以下罚款；对船长处以1000元以上1万元以下罚款，并扣留船员适任证书6个月至12个月。

第十七条 船舶检验机构的检验人员违反《船舶和海上设施检验条例》的规定，有下列行为之一的，依照《船舶和海上设施检验条例》第二十八条的规定，按其情节给予警告、吊销验船人员注册证书的处罚：

（一）超越职权范围进行船舶、设施检验；

（二）未按照规定的检验规范进行船舶、设施检验；

（三）未按照规定的检验项目进行船舶、设施检验；

（四）未按照规定的检验程序进行船舶、设施检验；

（五）所签发的船舶检验证书或者检验报告与船舶、设施的实际情况不符。

第十八条 违反《海上交通安全法》第五条的规定，船舶未持有有效的船舶国籍证书航行的，依照《海上交通安全法》第四十四条的规定，对船舶所有人或者船舶经营人处以3000元以上2万元以下罚款；对船长处以2000元以上2万元以下的罚款，情节严重的，并给予扣留船员适任证书6个月至24个月直至吊销船员适任证书的处罚。

第三节 违反船员管理秩序

第十九条 违反《海上交通安全法》第七条的规定，未取得合格的船员职务证书或者未通过船员培训，擅自上船服务的，依照《海上交通安全法》第四十四条和《船员条例》第六十条的规定，责令其立即离岗，处以2000元以上2万元以下罚款，并对聘用单位处以3万元以上15万元以下罚款。

前款所称未取得合格的船员职务证书，包括下列情形：

（一）未经水上交通安全培训并取得相应合格证明；

（二）未持有船员适任证书或者其他适任证件；

（三）持采取弄虚作假的方式取得的船员职务证书；

（四）持伪造、变造的船员职务证书；

（五）持转让、买卖或者租借的船员职务证书；

（六）所服务的船舶的航区、种类和等级或者所任职务超越所持船员职务证书限定的范围；

（七）持已经超过有效期限的船员职务证书；

（八）未按照规定持有船员服务簿。

对本条第二款第（三）项、第（五）项规定的违法行为，除处以罚款外，并处吊销船员职务证书。对本条第二款第（五）项规定的持租借船员职务证书的情形,还应对船员职务证书出借人处以2000元以上2万元以下罚款。

对本条第二款第(四)项规定的违法行为,除处以罚款外,并收缴相关证书。

对本条第二款第(六)项规定的违法行为,除处以罚款外,并处扣留船员职务证书3个月至12个月。

第二十条 船员用人单位、船舶所有人有下列未按照规定招用外国籍船员在中国籍船舶上任职情形的,依照《船员条例》第六十条的规定,责令改正,并处以3万元以上15万元以下罚款:

(一)未依照法律、行政法规和国家其他有关规定取得就业许可;

(二)未持有合格的且签发国与我国签订了船员证书认可协议的船员证书;

(三)雇佣外国籍船员的航运公司未承诺承担船员权益维护的责任。

第二十一条 船员服务机构和船员用人单位未将其招用或者管理的船员的有关情况定期向海事管理机构备案的,按照《船员条例》第六十四条的规定,对责任单位处以5000元以上2万元以下罚款。

前款所称船员服务机构包括海员外派机构。

本条第一款所称船员服务机构和船员用人单位未定期向海事管理机构备案,包括下列情形:

(一)未按规定进行备案,或者备案内容不全面、不真实;

(二)未按照规定时间备案;

(三)未按照规定的形式备案。

第二十二条 违反《海上交通安全法》第八条的规定,设施未按照国家规定配备掌握避碰、信号、通信、消防、救生等专业技能的人员，依照《海上交通安全法》第四十四条的规定，对设施所有人或者设施经营人处以1000元以上1万元以下罚款；对设施主要负责人和直接责任人员处以1000元以上8000元以下罚款。

第四节 违反航行、停泊和作业管理秩序

第二十三条 违反《海上交通安全法》第六条的规定，船舶未按照标准定额配备足以保证船舶安全的合格船员，依照《海上交通安全法》第四十四条的规定，对船舶所有人或者船舶经营人处以3000元以上2万元以下罚款；对船长处以2000元以上2万元以下罚款；情节严重的，并给予扣留船员适任证书3个月至12个月的处罚。

本条第一款所称未按照标准定额配备足以保证船舶安全的合格船员，包括下列情形：

（一）船舶所配船员的数量低于船舶最低安全配员证书规定的定额要求；

（二）船舶未持有有效的船舶最低安全配员证书。

第二十四条 违反《海上交通安全法》第九条的规定，船舶、设施上的人员不遵守有关海上交通安全的规章制度和操作规程，依照《海上交通安全法》第四十四条和《船员条例》第五十七条的规定，处以1000元以上1万元以下罚款；情节严重的，并给予扣留船员适任证书6个月至24个月直至吊销船员适任证书的处罚。发生事故的，按照第二十五条的规定给予扣留或者吊销船员适任证书的处罚。

本条前款所称不遵守有关海上交通安全的规章制度，包括下列情形：

（一）在船上履行船员职务，未按照船员值班规则实施值班；

（二）未获得必要的休息上岗操作；

（三）在船上值班期间，体内酒精含量超过规定标准；

（四）在船上履行船员职务，服食影响安全值班的违禁药物；

（五）不采用安全速度航行；

（六）不按照规定的航路航行；

（七）未按照要求保持正规了望；

（八）不遵守避碰规则；

（九）不按照规定停泊、倒车、调头、追越；

（十）不按照规定显示信号；

（十一）不按照规定守听航行通信；

（十二）不按照规定保持船舶自动识别系统处于正常工作状态，或者不按照规定在船舶自动识别设备中输入准确信息，或者船舶自动识别系统发生故障未及时向海事管理机构报告；

（十三）不按照规定进行试车、试航、测速、辨校方向；

（十四）不按照规定测试、检修船舶设备；

（十五）不按照规定保持船舱良好通风或者清洁；

（十六）不按照规定使用明火；

（十七）不按照规定填写航海日志；

（十八）不按照规定采取保障人员上、下船舶、设施安全的措施；

（十九）不按照规定载运易流态化货物，或者不按照规定向海事管理机构备案。

第二十五条 违反《海上交通安全法》第九条的规定，船舶、设施上的人员不遵守有关海上交通安全的规章制度和操作规程，造成海上交通事故的，还应当按照下列规定给予处罚：

（一）造成特别重大事故的，对负有全部责任、主要责任的船员吊销适任证书或者其他适任证件，对负有次要责任的船员扣留适任证书或者其他适任证件12个月直至吊销适任证书或者其他适任证件；责任相当的，对责任船员扣留适任证书或者其他适任证件24个月或者吊销适任证书或者其他适任证件。

（二）造成重大事故的，对负有全部责任、主要责任的船员吊销适任证书或者其他适任证件；对负有次要责任的船员扣留适任证书或者其他适任证件12个月至24个月；责任相当的，对责任船员扣留适任证书或者其他适任证件18个月或者吊销适任证书或者其他适任证件。

（三）造成较大事故的，对负有全部责任、主要责任的船员扣留船员适任证书12个月至24个月或者吊销船员适任证书，对负有次要责任的船员扣留船员适任证书6个月；责任相当的，对责任船员扣留船员适任证书12个月。

（四）造成一般事故的，对负有全部责任、主要责任的船员扣留船员适任证书9个月至12个月，对负有次要责任的船员扣留船员适任证书6个月至9个月；责任相当的，对责任船员扣留船员适任证书9个月。

第二十六条　违反《海上交通安全法》第十条的规定，船舶、设施不遵守有关法律、行政法规和规章，依照《海上交通安全法》第四十四条的规定，对船舶、设施所有人或经营人处以3000元以上1万元以下罚款；对船长或设施主要负责人处以2000元以上1万元以下罚款并对其他直接责任人员处以1000元以上1万元以下罚款；情节严重的，并给予扣留船员适任证书6个月至24个月直至吊销船员适任证书的处罚。

本条前款所称船舶、设施不遵守有关法律、行政法规和规章，包括下列情形：

（一）不按照规定检修、检测影响船舶适航性能的设备；

（二）不按照规定检修、检测通信设备和消防设备；

（三）不按照规定载运旅客、车辆；

（四）超过核定载重线载运货物；

（五）不符合安全航行条件而开航；

（六）不符合安全作业条件而作业；

（七）未按照规定进行夜航；

（八）强令船员违规操作；

（九）强令船员疲劳上岗操作；

（十）未按照船员值班规则安排船员值班；

（十一）超过核定航区航行；

（十二）未按照规定的航路行驶；

（十三）不遵守避碰规则；

（十四）不采用安全速度航行；

（十五）不按照规定停泊、倒车、调头、追越；

（十六）不按照规定进行试车、试航、测速、辨校方向；

（十七）不遵守航行、停泊和作业信号规定；

（十八）不遵守强制引航规定；

（十九）不遵守航行通信和无线电通信管理规定；

（二十）不按照规定保持船舱良好通风或者清洁；

（二十一）不按照规定采取保障人员上、下船舶、设施安全的措施；

（二十二）不遵守有关明火作业安全操作规程；

（二十三）未按照规定拖带或者非拖带船从事拖带作业；

（二十四）违反船舶并靠或者过驳有关规定；

（二十五）不按照规定填写航海日志；

（二十六）未按照规定报告船位、船舶动态；

（二十七）未按照规定标记船名、船舶识别号；

（二十八）未按照规定配备航海图书资料。

第二十七条 违反《海上交通安全法》第十一条规定，外国籍非军用船舶未经中国海事管理机构批准进入中国的内水和港口或者未按规定办理进出口岸手续,依照《海上交通安全法》第四十四条的规定,对船舶所有人或者船舶经营人处以3万元罚款,对船长处以1万元罚款。

第二十八条 违反《海上交通安全法》第十一条规定,外国籍非军用船舶进入中国的内水和港口不听从海事管理机构指挥,依照《海上交通安全法》第四十四条的规定,对船舶所有人或者船舶经营人处以警告或者2000元以上2万元以下罚款,对船长处以警告或者1000元以上1万元以下罚款。

第二十九条 违反《海上交通安全法》第十三条规定,外国籍船舶进出中国港口或者在港内航行、移泊以及靠离港外系泊点、装卸站等,不按照规定申请指派引航员引航,或者不使用按照规定指派的引航员引航的,依照《海上交通安全法》第四十四条的规定,对船舶所有人或者船舶经营人处以警告或者2000元以上1万元以下罚款,对船长处以警告或者1000元以上1万元以下罚款。

第三十条 违反《海上交通安全法》第十四条规定,船舶进出港口或者通过交通管制区、通航密集区和航行条件受到限制的区域时,不遵守中国政府或者海事管理机构公布的特别规定的,依照《海上交通安全法》第四十四条的规定,对船舶所有人或者船舶经营人处以警告或者1000元以上1万元以下罚款,对船长处以警告或者500元以上1万元以下罚款,并可扣留船员适任证书3个月至12个月。

第三十一条 违反《海上交通安全法》第十五条规定,船舶无正当理由进入或者穿越禁航区,依照《海上交通安全法》第四十四条的规定,对船舶所有人或者船舶经营人处以警告或者2000元以上1万元以下罚款,对船长处以警告或者1000元以上1万元以下罚款，并扣留船员适任证书3个月至12个月。

第三十二条 违反《海上交通安全法》第十二条规定，国际航行船舶进出中国港口，拒不接受海事管理机构的检查，依照《海上交通安全法》第四十四条的规定，对船舶所有人或者船舶经营人处以1000元以上1万元以下的罚款；情节严重的，处以1万元以上3万元以下的罚款。对船长或者其他责任人员处以100元以上1000元以下的罚款；情节严重的，处以1000元以上3000元以下的罚款，并可扣留船员适任证书6个月至12个月：

本条前款所称拒不接受海事管理机构的检查，包括下列情形：

（一）拒绝或者阻挠海事管理机构实施安全检查；

（二）中国籍船舶接受海事管理机构实施安全检查时不提交《船旗国安全检查记录簿》；

（三）在接受海事管理机构实施安全检查时弄虚作假；

（四）未按照海事管理机构的安全检查处理意见进行整改。

第三十三条 违反《海上交通安全法》第十二条的规定，中国籍国内航行船舶进出港口不按照规定向海事管理机构报告船舶的航次计划、适航状态、船员配备和载货载客等情况的，依照《海上交通安全法》第四十四条的规定，对船舶所有人或者船舶经营人处以2000元以上1万元以下罚款；对船长处以1000元以上1万元以下罚款，并可扣留船员适任证书6个月至24个月。

第三十四条 违反《港口建设费征收使用管理办法》，不按规定缴纳或少缴纳港口建设费的，依照《财政违法行为处罚处分条例》第十三条规定，责令改正，并处未缴纳或者少缴纳的港口建设费的10%以上30%以下的罚款；对直接负责的主管人员和其他责任人处以3000元以上5万元以下罚款。

对于未缴清港口建设费的国内外进出口货物，港口经营人、船舶代理公司或者货物承运人违规办理了装船或者提离港口手续的，禁止船舶离港、责令停航、改航、责令停止作业，并可对直接负责的主管人员和其他责任人处以3000元以上3万元以下罚款。

第三十五条 违反《海上航行警告和航行通告管理规定》第八条规定，海上航行警告、航行通告发布后，申请人未在国家主管机关或者区域主管机关核准的时间和区域内进行活动，或者需要变更活动时间或者改换活动区域的，未按规定重新申请发布海上航行警告、航行通告，依照《海上航行警告和航行通告管理规定》第十七条的规定，责令其停止活动，并可以处2000元以下罚款。

第三十六条 违反《海上航行警告和航行通告管理规定》，造成海上交通事故的，依照《海上航行警告和航行通告管理规定》第二十条，对船舶、设施所有人或者经营人处以3000元以上1万元以下罚款；对船长或者设施主要负责人处以2000元以上1万元以下罚款并对其他直接责任人员处以1000元以上1万元以下罚款；情节严重的，并给予扣留船员适任证书6个月至24个月直至吊销船员适任证书的处罚。

第五节 违反危险货物载运安全监督管理秩序

第三十七条 违反《危险化学品安全管理条例》第四十四条的规定，有下列情形之一的，依照《危险化学品安全管理条例》第八十六条的规定，由海事管理机构责令改正，处5万元以上10万元以下的罚款；拒不改正的，责令停航、停业整顿。

（一）从事危险化学品运输的船员未取得相应的船员适任证书和培训合格证明；

（二）危险化学品运输申报人员、集装箱装箱现场检查员未取得从业资格。

第三十八条 违反《危险化学品安全管理条例》第十八条的规定，运输危险化学品的船舶及其配载的容器未经检验合格而投入使用的，依照《危险化学品安全管理条例》第七十九条的规定，由海事管理机构责令改正，对船舶所有人或者经营人处以 10 万元以上 20 万元以下的罚款；有违法所得的，没收违法所得；拒不改正的，责令停航整顿。

第三十九条 违反《危险化学品安全管理条例》第四十五条的规定，船舶运输危险化学品，未根据危险化学品的危险特性采取相应的安全防护措施，或者未配备必要的防护用品和应急救援器材的，依照《危险化学品安全管理条例》第八十六条的规定，由海事管理机构责令改正，对船舶所有人或者经营人处以 5 万元以上 10 万元以下的罚款；拒不改正的，责令停航整顿。

本条前款所称未根据危险化学品的危险特性采取相应的安全防护措施，或者未配备必要的防护用品和应急救援器材，包括下列情形：

（一）拟交付船舶运输的化学品的相关安全运输条件不明确，货物所有人或者代理人不委托相关技术机构进行评估，或者未经海事管理机构确认，交付船舶运输的；

（二）装运危险化学品的船舶未按照有关规定编制应急预案和配备相应防护用品、应急救援器材；

（三）船舶装运危险化学品，不按照规定进行积载或者隔离；

（四）装运危险化学品的船舶擅自在非停泊危险化学品船舶的锚地、码头或者其他水域停泊；

（五）船舶所装运的危险化学品的包装标志不符合有关规定；

（六）船舶装运危险化学品发生泄漏或者意外事故，不及时采取措施或者不向海事管理机构报告。

第四十条 装运危险化学品的船舶进出港口，不依法向海事管理机构办理申报手续的,对船舶所有人或者经营人处1万元以上3万元以下的罚款。

第四十一条 违反《危险化学品安全管理条例》第五十三条、第六十三条的规定,通过船舶载运危险化学品,托运人不向承运人说明所托运的危险化学品的种类、数量、危险特性以及发生危险情况的应急处置措施,或者未按照国家有关规定对所托运的危险化学品妥善包装并在外包装上设置相应标志的,依照《危险化学品安全管理条例》第八十六条的规定,由海事管理机构责令改正,对托运人处5万元以上10万元以下的罚款;拒不改正的,责令停航整顿。

第四十二条 违反《危险化学品安全管理条例》第六十四条的规定,通过船舶载运危险化学品,在托运的普通货物中夹带危险化学品,或者将危险化学品谎报或者匿报为普通货物托运的,依照《危险化学品安全管理条例》第八十七条的规定,由海事管理机构责令改正,对托运人处以10万元以上20万元以下的罚款,有违法所得的,没收违法所得;拒不改正的,责令停航整顿。

第四十三条 违反《海上交通安全法》第三十二条规定,船舶、浮动设施储存、装卸、运输危险化学品以外的危险货物,不具备安全可靠的设备和条件,或者不遵守国家关于危险化学品以外的危险货物管理和运输的规定的,依照《海上交通安全法》第四十四条的规定,对船舶、设施所有人或者经营人处以1万元以上2万元以下罚款;对船长或者设施主要负责人和其他直接责任人员处以2000元以上1万元以下罚款,并扣留船员适任证书6个月至24个月。

本条款所称不具备安全可靠的设备和条件,包括下列情形:

(一)装运危险化学品以外的危险货物的船舶未按有关规定编

制应急预案和配备相应防护用品、应急救援器材的;

（二）装运危险化学品以外的危险货物的船舶及其配载的容器，未按照国家有关规范进行检验合格;

（三）船舶装运危险化学品以外的危险货物，所使用包装的材质、型式、规格、方法和单件质量（重量）与所包装的危险货物的性质和用途不相适应;

（四）船舶装运危险化学品以外的危险货物的包装标志不符合有关规定;

（五）装运危险化学品以外的危险货物的船舶，未按规定配备足够的取得相应的特殊培训合格证书的船员。

本条款所称不遵守国家关于危险化学品以外的危险货物管理和运输的规定，包括下列行为:

（一）使用未经检验合格的包装物、容器包装、盛装、运输;

（二）重复使用的包装物、容器在使用前，不进行检查;

（三）未按照规定显示装载危险货物的信号;

（四）未按照危险货物的特性采取必要安全防护措施;

（五）未按照有关规定对载运中的危险货物进行检查;

（六）装运危险货物的船舶擅自在非停泊危险货物船舶的锚地、码头或者其他水域停泊;

（七）船舶装运危险货物发生泄漏或者意外事故，不及时采取措施或者不向海事管理机构报告。

第四十四条 违反《海上交通安全法》第三十三条规定，船舶装运危险化学品以外的危险货物进出港口，不向海事管理机构办理申报手续，依照《海上交通安全法》第四十四条的规定，对船舶、设施所有人或者经营人处以 300 元以上 1 万元以下罚款;对船长或者设施主要负责人和其他直接责任人员处以 200 元以上 1 万元以下罚款，并扣留船员适任证书 6 个月至 24 个月。

第六节 违反海难救助管理秩序

第四十五条 违反《海上交通安全法》第三十四条规定,船舶、设施或者飞机遇难时,不及时向海事管理机构报告出事时间、地点、受损情况、救助要求以及发生事故的原因的,依照《海上交通安全法》第四十四条规定,对船舶、设施所有人或者经营人处以2000元以上1万元以下罚款;对船长、设施主要负责人处以1000元以上8000元以下罚款,并可扣留船员适任证书6个月至12个月。

第四十六条 违反《海上交通安全法》第三十六条规定,事故现场附近的船舶、设施,收到求救信号或者发现有人遭遇生命危险时,在不严重危及自身安全的情况下,不救助遇难人员,或者不迅速向海事管理机构报告现场情况和本船舶、设施的名称、呼号和位置,依照《海上交通安全法》第四十四条规定,对船舶、设施所有人或者经营人处以200元以上1万元以下罚款;对船长、设施主要负责人处以1000元以上1万元以下罚款,情节严重的,并扣留船员适任证书6个月至24个月直至吊销船员适任证书。

第四十七条 违反《海上交通安全法》第三十七条规定,发生海上交通事故的船舶、设施有下列行为之一,依照《海上交通安全法》第四十四条规定,对船舶、设施所有人或者经营人处以200元以上1万元以下罚款;对船长、设施主要负责人处以1000元以上1万元以下罚款,情节严重的,并扣留船员适任证书6个月至24个月直至吊销船员适任证书:

(一)不互通名称、国籍和登记港;

(二)不救助遇难人员;

(三)在不严重危及自身安全的情况下,擅自离开事故现场或者逃逸。

第四十八条 违反《海上交通安全法》第三十八条规定，有关单位和在事故现场附近的船舶、设施，不听从海事管理机构统一指挥实施救助，依照《海上交通安全法》第四十四条规定，对船舶、设施所有人或者经营人处以 200 元以上 1 万元以下罚款；对船长、设施主要负责人处以 100 元以上 8000 元以下罚款，并可扣留船员适任证书 6 个月至 12 个月。

第七节　违反海上打捞管理秩序

第四十九条 违反《海上交通安全法》第四十条规定，对影响安全航行、航道整治以及有潜在爆炸危险的沉没物、漂浮物，其所有人、经营人不按照海事管理机构限定期限打捞清除，依照《海上交通安全法》第四十四条规定，对法人或者其他组织处以 1 万元罚款；对自然人处以 5000 元罚款。

第五十条 违反《海上交通安全法》第四十一条规定，未经海事管理机构批准，擅自打捞或者拆除沿海水域内的沉船沉物，依照《海上交通安全法》第四十四条规定，处以 5000 元以上 3 万元以下罚款。

第八节　违反海上船舶污染沿海水域环境管理秩序

第五十一条 本节所称水上拆船、海港、船舶，其含义分别与《防止拆船污染环境管理条例》使用的同一用语的含义相同。

本节所称内水、海洋环境污染损害、排放、倾倒，其含义分别与《海洋环境保护法》使用的同一用语的含义相同。

第五十二条 违反《防止拆船污染环境管理条例》规定，有下列情形之一的，依照《防止拆船污染环境管理条例》第十七条的规定，除责令其限期纠正外，还可以根据不同情节，处以 1 万元以上 10 万元以下的罚款：

（一）未持有经批准的环境影响报告书（表），擅自设置拆船厂进行拆船的；

（二）发生污染损害事故，不向监督拆船污染的海事管理机构报告也不采取消除或控制污染措施的；

（三）废油船未经洗舱、排污、清舱和测爆即行拆解的；

（四）任意排放或者丢弃污染物造成严重污染的。

第五十三条 违反《防止拆船污染环境管理条例》规定，有下列情形之一的，依照《防止拆船污染环境管理条例》第十八条的规定，除责令其限期纠正外，还可以根据不同情节，处以警告或者处以 1 万元以下的罚款：

（一）拒绝或阻挠海事管理机构进行现场检查或在被检查时弄虚作假的；

（二）未按规定要求配备和使用防污设施、设备和器材，造成环境污染的；

（三）发生污染损害事故，虽采取消除或控制污染措施，但不向监督拆船污染的海事管理机构报告的；

（四）拆船单位关闭、搬迁后，原厂址的现场清理不合格的。

第五十四条 违反《海洋环境保护法》有关规定，船舶有下列行为之一的，依照《海洋环境保护法》第七十三条的规定，责令限期改正，并对船舶所有人或者经营人处以罚款：

（一）向沿海水域排放《海洋环境保护法》禁止排放的污染物或其他物质的；

（二）不按照《海洋环境保护法》规定向海洋排放污染物，或超过标准排放污染物的；

（三）未取得海洋倾倒许可证，向海洋倾倒废弃物的；

（四）因发生事故或其他突发性事件，造成海洋环境污染事故,不立即采取处理措施的。

有前款第(一)项、第(三)项行为之一的,处以3万元以上20万元以下的罚款;有前款第(二)项、第(四)项行为之一的,处以2万元以上10万元以下的罚款。

第五十五条 违反《海洋环境保护法》规定,船舶在港口区域内造成珊瑚礁、红树林等海洋生态系统及海洋水产资源、海洋保护区破坏的,依照《海洋环境保护法》第七十六条的规定,责令限期改正和采取补救措施,并对船舶所有人或者经营人处以1万元以上10万元以下的罚款;有违法所得的,没收其违法所得。

第五十六条 违反《海洋环境保护法》规定,有下列行为之一的,依照《海洋环境保护法》第八十七条的规定,予以警告,或者处以罚款:

(一)船舶、港口、码头、装卸站未按规定配备防污设施、器材的;

(二)船舶未取得并随船携带防污证书、防污文书的;

(三)船舶未如实记录污染物处置情况;

(四)从事水上和港区水域拆船、旧船改装、打捞和其他水上、水下施工作业,造成海洋环境污染损害的;

(五)船舶载运的货物不具备防污适运条件的。

有前款第(一)项、第(五)项行为之一的,处以2万元以上10万元以下的罚款;有前款第(二)项、第(三)项行为的,处以2万元以下的罚款;有前款第(四)项行为的,处以5万元以上20万元以下的罚款。

第五十七条 违反《海洋环境保护法》规定,船舶不编制溢油应急计划的,依照《海洋环境保护法》第八十八条的规定,对船舶所有人或者经营人予以警告,并责令限期改正。

第九节　违反交通事故调查处理秩序

第五十八条　本规定所称海上交通事故，其含义与《海上交通事故调查处理条例》使用的同一用语的含义相同。

第五十九条　违反《海上交通事故调查处理条例》规定，有下列行为之一的，依照《海上交通事故调查处理条例》第二十九条和《船员条例》第五十七条的规定予以处罚：

（一）发生海上交通事故，未按规定的时间向海事管理机构报告或提交《海上交通事故报告书》；

（二）中国籍船舶在中华人民共和国管辖水域以外发生海上交通事故，船舶所有人或经营人未按《海上交通事故调查处理条例》第三十二条规定向船籍港海事管理机构报告，或者将判决书、裁决书或调解书的副本或影印件报船籍港的海事管理机构备案；

（三）发生海上交通事故，未按海事管理机构的要求驶往指定地点，或者在未发现危及船舶安全的情况下未经海事管理机构同意擅自驶离指定地点；

（四）发生海上交通事故，报告的内容或《海上交通事故报告书》的内容不符合《海上交通事故调查处理条例》第五条、第七条规定的要求，或者不真实，影响事故调查或者给有关部门造成损失；

（五）发生海上交通事故，不按《海上交通事故调查处理条例》第九条的规定，向当地或者船舶第一到达港的船舶检验机构、公安消防监督机关申请检验、鉴定，并将检验报告副本送交海事管理机构备案，影响事故调查；

（六）拒绝接受事故调查或无理阻挠、干扰海事管理机构进行事故调查的；

（七）在接受事故调查时故意隐瞒事实或者提供虚假证明。

存在前款第（一）项行为的，对船员处以警告或者1000元以上1万元以下罚款，情节严重的，并给予扣留船员服务簿、船员适任证书6个月至24个月直至吊销船员服务簿、船员适任证书的处罚；对船舶所有人或者经营人处以警告或者5000元以下罚款。

存在前款第（二）项至第（七）项情形的，对船员处以警告或者200元以下罚款；对船舶所有人或者经营人处以警告或者5000元以下罚款。

第六十条 违反《海上交通事故调查处理条例》第三十三条，派往外国籍船舶任职的持有中华人民共和国船员适任证书的中国籍船员对海上交通事故的发生负有责任，其外派服务机构未按照规定报告事故的，依照《海上交通安全法》第四十四条规定，对船员外派服务机构处以1000元以上1万元以下罚款。

第四章 海事行政处罚程序

第一节 管 辖

第六十一条 海事行政处罚案件由海事行政违法行为发生地的海事管理机构管辖，法律、行政法规和本规定另有规定的除外。

本条前款所称海事行政违法行为发生地，包括海事行政违法行为的初始发生地、过程经过地、结果发生地。

第六十二条 各级海事局所属的海事处管辖本辖区内的下列海事行政处罚案件：

（一）对自然人处以警告、1万元以下罚款、扣留船员适任证书3个月至6个月的海事行政处罚；

（二）对法人或者其他组织处以警告、3万元以下罚款的海事行政处罚。

各级海事局管辖本辖区内的所有海事行政处罚案件。

第六十三条 对海事行政处罚案件管辖发生争议的,报请共同的上一级海事管理机构指定管辖。

下级海事管理机构对其管辖的海事行政处罚案件,认为需要由上级海事管理机构办理的,可以报请上级海事管理机构决定。

第六十四条 海事管理机构对不属其管辖的海事行政处罚案件,应当移送有管辖权的海事管理机构;受移送的海事管理机构如果认为移送不当,应当报请共同的上一级海事管理机构指定管辖。

第六十五条 上级海事管理机构自收到解决海事行政处罚案件管辖争议或者报请移送海事行政处罚案件管辖的请示之日起7日内作出管辖决定。

第六十六条 受移送的海事管理机构应当将接受案件或者明确案件由其管辖之日作为第七十三条规定的违法行为发现之日,并按照本章第三节的规定实施行政处罚。移送案件的海事管理机构所取得的证据,经受移送的海事管理机构审查合格的,可以直接作为受移送的海事管理机构实施行政处罚的证据。

第二节 简易程序

第六十七条 海事行政违法事实确凿,并有法定依据的,对自然人处以警告或者处以50元以下罚款,对法人或其他组织处以警告或者1000元以下罚款的海事行政处罚的,可以当场作出海事行政处罚决定。

第六十八条 海事行政执法人员依法当场作出海事行政处罚决定,应当遵守下列程序:

(一)向当事人出示海事行政执法证件;

(二)告知当事人作出海事行政处罚决定的事实、理由和依据以及当事人依法享有的权利;

（三）听取当事人的意见；

（四）复核当事人提出的事实、理由和证据；

（五）填写预定格式、统一编号的海事行政处罚决定书；

（六）将海事行政处罚决定书当场交付当事人；

（七）当事人在海事行政处罚决定书副本上签字。

第六十九条 海事行政执法人员依法当场作出海事行政处罚决定的，应当在3日内将海事行政处罚决定书副本报所属海事管理机构备案。

第三节 一般程序

第七十条 实施海事行政处罚，除适用简易程序的，应当适用一般程序。

第七十一条 除依法可以当场作出的海事行政处罚外，海事管理机构发现自然人、法人或者其他组织有依法应当处以海事行政处罚的海事行政违法行为，应当自发现之日起7日内填写海事行政处罚立案审批表，报本海事管理机构负责人批准。

发生水上交通事故应当处以海事行政处罚的，应当自水上交通事故调查结束之日起7日内填写海事行政处罚立案审批表，报本海事管理机构负责人批准。

第七十二条 海事管理机构发现自然人、法人或者其他组织涉嫌海事行政违法行为的，应当立即依法进行调查，收集相关证据。

海事管理机构对海事行政处罚案件，应当全面、客观、公正地进行调查并收集证据。

第七十三条 能够证明海事行政处罚案件真实情况的事实，都是证据。

海事行政处罚案件的证据种类如下：

（一）书证；

（二）物证；

（三）视听资料；

（四）电子数据；

（五）证人证言；

（六）当事人的陈述；

（七）鉴定意见；

（八）勘验笔录、现场笔录。

第七十四条 进行海事行政处罚案件的调查或者检查，应当由2名以上海事行政执法人员担任调查人员。

调查人员与本案有直接利害关系的，应当回避。

第七十五条 调查人员询问或者检查，应当出示海事行政执法证件，并制作询问笔录、现场笔录或者勘验笔录。

询问笔录、现场笔录或者勘验笔录经被询问人、被检查人确认无误后，由被询问人、被检查人签名或者盖章。拒绝签名或者盖章的，调查人员应当在笔录上注明情况。

对涉及国家机密、商业秘密和个人隐私的，海事管理机构和调查人员、检查人员应当为其保守秘密。

第七十六条 收集海事行政处罚案件的书证、物证和视听资料，应当是原件、原物。收集原件、原物确有困难的，可由提交证据的自然人、法人或者其他组织在复制品、照片等物件上签名或者盖章，并注明"与原件一致"字样。

海事管理机构可以使用照相、录音、录像以及法律允许的其他调查手段。

第七十七条 调查人员、检查人员查阅、调取与海事行政处罚案件有关资料，可以对有关内容进行摘录或者复制，并注明来源。

第七十八条　调查人员、检查人员对与案件有关物品或者场所进行勘验或者检查，应当通知当事人到场，制作勘验笔录或者现场笔录。当事人不到场或者暂时难以确定当事人的，可以请在场的其他人作证。

勘验笔录或者现场笔录应当由当事人或者见证人签名或者盖章；拒绝签名或者盖章的，调查人员应当在勘验笔录或者检查笔录上注明情况。

第七十九条　对需要抽样取证的，应当通知当事人到场，并制作抽样取证清单。当事人不到场或者暂时难以确定当事人的，可以请在场的其他人作证。

抽样取证清单，应当由调查人员、当事人或者证人签名或者盖章。

海事管理机构应当妥善保管抽样取证物品；需要退还的，应当及时退还。

第八十条　为查明海事行政处罚案件事实需要进行技术鉴定的专门性问题，海事管理机构应当请有关技术鉴定机构或者具有专门技术的人员进行鉴定，并制作鉴定意见，由技术鉴定机构和人员签名或者盖章。

第八十一条　海事行政处罚案件的证据可能灭失或者以后难以取得的，经海事管理机构负责人批准，可以通知当事人或者有关人员到场，先行登记保存证据，并制作证据登记保存清单。当事人或者有关人员不到场或者暂时难以确定当事人、有关人员的，可以请在场的其他人作证。

证据登记保存清单，应当由调查人员、检查人员、当事人或者有关人员、证人签名或者盖章。拒绝签名、盖章的，调查人员应当在证据登记保存清单上注明情况。

海事管理机构对登记保存的物品，应当在 7 日内作出下列处理决定：

（一）需要进行技术鉴定的，依照本规定第八十条的规定送交鉴定；

（二）对不应当处以海事行政处罚的，应当解除先行登记保存，并将先行登记保存的物品及时退还；

（三）法律、法规、规章规定应当作其他处理的，依法作其他处理。

第八十二条　海事行政处罚案件调查结束后，应当制作海事行政处罚案件调查报告，连同证据材料和经批准的海事行政违法案件立案审批表，移送本海事管理机构负责法制工作的内设机构进行预审。

第八十三条　海事管理机构负责法制工作的内设机构预审海事行政处罚案件采取书面形式进行，主要内容包括：

（一）案件是否属于本海事管理机构管辖；

（二）当事人的基本情况是否清楚；

（三）案件事实是否清楚，证据是否确实、充分；

（四）定性是否准确；

（五）适用法律、法规、规章是否准确；

（六）行政处罚是否适当；

（七）办案程序是否合法。

第八十四条　海事管理机构负责法制工作的内设机构预审完毕后，应当根据下列规定提出书面意见，报本海事管理机构负责人审查：

（一）违法事实清楚，证据确实、充分，行政处罚适当、办案程序合法，按规定不需要听证或者当事人放弃听证的，同意负责行政执法调查的内设机构的意见，建议报批后告知当事人；

（二）违法事实清楚，证据确实、充分，行政处罚适当、办案程序合法，按照规定应当听证的，同意调查人员意见，建议报批后举行听证，并告知当事人；

（三）违法事实清楚，证据确实、充分，但定性不准、适用法律不当、行政处罚不当的，建议调查人员修改；

（四）违法事实不清，证据不足的，建议调查人员补正；

（五）办案程序不合法的，建议调查人员纠正；

（六）不属于本海事管理机构管辖的，建议移送其他有管辖权的机关处理。

第八十五条 海事管理机构负责人审查完毕后，应当根据《行政处罚法》第三十八条的规定作出行政处罚决定、不予行政处罚决定、移送其他有关机关处理的决定。

对自然人罚款或者没收非法所得数额超过1万元，对法人或者其他组织罚款或者没收非法所得数额超过3万元，以及撤销船舶检验资格、没收船舶、没收或者吊销船舶登记证书、吊销船员职务证书、吊销海员证的海事行政处罚，海事管理机构的负责人应当集体讨论决定。

第八十六条 海事管理机构负责人对海事违法行为调查报告审查后，认为应当处以行政处罚的，海事管理机构应当制作海事违法行为通知书送达当事人，告知拟处以的行政处罚的事实、理由和证据，并告知当事人有权在收到该通知书之日起3日内进行陈述和申辩，对依法应当听证的告知当事人有权在收到该通知书之日起3日内提出听证要求。

当事人不在场的，应当依法采取其他送达方式将海事违法行为通知书送达当事人。

第八十七条 当事人提出陈述和申辩的，海事管理机构应当充分听取，并对当事人提出的事实、理由和证据进行复核；当事人提出的事实、理由或者证据成立的，海事管理机构应当采纳。

当事人要求组织听证的,海事管理机构应当按照本章第四节的规定组织听证。

当事人逾期未提出陈述、申辩或者逾期未要求组织听证的,视为放弃有关权利。

第八十八条 海事管理机构作出海事行政处罚决定,应当制作海事行政处罚决定书,并加盖本海事管理机构的印章。

第八十九条 海事行政处罚决定书应当在海事管理机构宣告后当场交付当事人,并将告知情况记入送达回证,由当事人在送达回证上签名或者盖章;当事人不在场的,应当在7日内依法采取其他送达方式送达当事人。

第九十条 海事行政处罚案件应当自立案之日起2个月内办理完毕。因特殊需要,经海事管理机构负责人批准可以延长办案期至3个月。如3个月内仍不能办理完毕,经上一级海事管理机构批准可再延长办案期间,但最长不得超过6个月。

第四节 听证程序

第九十一条 在作出较大数额罚款、吊销证书的海事行政处罚决定之前,海事管理机构应当告知当事人有要求举行听证的权利;当事人要求听证的,海事管理机构应当组织听证。

本条前款所称"较大数额罚款",是指对自然人处以1万元以上罚款,对法人或者其他组织处以10万元以上罚款。

第九十二条 海事行政处罚听证依照《行政处罚法》第四十二条的规定组织。

第九十三条 海事管理机构的听证人员包括听证主持人、听证员和书记员。

听证主持人由海事管理机构负责人指定本海事管理机构负责法制工作的机构的非本案调查人员担任。

听证员由海事管理机构负责人指定1至2名本海事管理机构的非本案调查人员担任，协助听证主持人组织听证。

书记员由海事管理机构负责人指定1名非本案调查人员担任，负责听证笔录的制作和其他事务。

第九十四条 当事人委托代理人参加听证会的，应当向海事管理机构提交当事人签署的授权委托书。

第九十五条 当事人有正当理由要求延期举行听证的，经海事管理机构批准，可以延期一次。

第九十六条 海事行政处罚听证，按照以下程序进行：

（一）宣布案由和听证纪律；

（二）核对当事人或者其代理人、本案调查人员、证人及其他有关人员是否到场，并核实听证参加人的身份；

（三）宣读并出示海事管理机构负责人签署的听证决定，宣布听证人员名单，告知当事人有申请主持人回避、申辩和质证的权利；

（四）宣布听证开始；

（五）案件调查人员提出当事人违法的事实、证据，说明拟作出行政处罚的建议和法律依据；

（六）当事人或者其委托代理人对案件的事实、证据，适用法律，行政处罚裁量等进行申辩和质证；

（七）主持人就案件的有关问题向当事人或者其委托代理人、案件调查人员、证人询问；

（八）经主持人允许，当事人、调查人员就案件的有关问题可以向到场的证人发问；

（九）本案调查人员、当事人或者其委托代理人按顺序就案件所涉及的事实、各自出示的证据的合法性、真实性及有关的问题进行辩论；

（十）辩论终结，听证主持人可以再就本案的事实、证据及有关问题向当事人或者其代理人、本案调查人员征求意见；

（十一）中止听证的，主持人应当时宣布再次进行听证的有关事宜；

（十二）当事人或者其委托代理人做最后陈述；

（十三）主持人宣布听证结束，听证笔录交当事人或者其委托代理人核对无误后签字或者盖章。认为有错误的，有权要求补充或者改正。当事人拒绝的，由听证主持人在听证笔录上说明情况。

第九十七条 有下列情形之一的，主持人可以决定延期举行听证：

（一）当事人因不可抗拒的事由无法到场的；

（二）当事人临时申请回避的；

（三）其他应当延期的情形。

第九十八条 有下列情形之一的，主持人可以宣布中止听证：

（一）证据需要重新鉴定、勘验的；

（二）当事人或者其代理人提出新的事实、理由和证据，需要由本案调查人员调查核实的；

（三）作为听证申请人的法人或者其他组织突然解散，尚未确定权利、义务承受人的；

（四）当事人因不可抗拒的事由，不能继续参加听证的；

（五）听证过程中，当事人或者其代理人违反听证纪律致使听证无法进行的；

（八）其他应当中止听证的情形。

中止听证，应当在听证笔录中写明情况，由主持人签名。

第九十九条 延期、中止听证的情形消失后，由主持人决定恢复听证并将听证的时间、地点通知听证参加人。

第一百条 有下列情形之一的，应当终止听证：

（一）当事人或者其代理人撤回听证要求的；

（二）当事人或者其代理人接到参加听证的通知，无正当理由不参加听证的；

（三）当事人或者其代理人未经听证主持人允许，中途退出听证的；

（四）其他应当终止听证的情形。

听证终止，应当在听证笔录中写明情况，由主持人签名。

第一百零一条　听证结束后，主持人应当依据听证情况制作海事行政处罚听证报告书，连同听证笔录报海事管理机构负责人审查后，依照本规定第八十五条的规定作出决定。

第五节　执行程序

第一百零二条　有《行政处罚法》第四十七条规定第（一）项、第（二）项规定情形之一，或者有《行政处罚法》第四十八条规定的情形的，海事管理机构及其海事行政执法人员可以当场收缴罚款。

罚款以人民币计算，并向当事人出具符合法定要求的罚款收据。

当事人无正当理由逾期不缴纳罚款的，海事管理机构依法每日按罚款数额的3%加处罚款。

第一百零三条　被处以扣留证书的，当事人应当及时将被扣留证书送交作出处罚决定的海事管理机构。扣留证书期满后，海事管理机构应当将所扣证书发还当事人，也可以通知当事人领取被扣证书。

被处以扣留、吊销证书，当事人拒不送交被扣留、被吊销的证书的，海事管理机构应当公告该证书作废，并通知核发证书的海事管理机构注销。

第一百零四条　海事管理机构对船员处以海事行政处罚后，应当予以记载。

第一百零五条　对当事人处以没收船舶处罚的，海事管理机构应当依法处理所没收的船舶。

第一百零六条　当事人在法定期限内不申请复议或提起诉讼，又不履行海事行政处罚决定的，海事管理机构依法申请人民法院强制执行。

第一百零七条　海事行政处罚案件执行完毕后，应当填写海事行政处罚结案表，将全部案件材料立卷后交海事管理机构负责法制工作的内设机构进行登记，并按档案管理要求进行归档。

第六节　监督程序

第一百零八条　自然人、法人或者其他组织对海事管理机构作出的行政处罚有权申诉或者检举。

自然人、法人或者其他组织的申诉或检举，由海事管理机构负责法制工作的内设机构受理和审查，认为海事行政处罚有下列情形之一的，经海事管理机构负责人同意后，予以改正：

（一）主要事实不清、证据不足的；

（二）适用依据错误的；

（三）违反法定程序的；

（四）超越或滥用职权的；

（五）具体行政行为明显不当的。

第一百零九条　海事管理机构负责法制工作的内设机构发现本海事管理机构作出的海事行政处罚有第一百零八条第二款规定的情形之一的，应当向海事管理机构负责人提出建议，予以改正。

第一百一十条　上级海事管理机构发现下级海事管理机构作

出的海事行政处罚有第一百零八条第二款规定的情形之一的，应当责令其改正。

第一百一十一条　海事管理机构和海事行政执法人员违法实施行政处罚的，按照《行政处罚法》有关规定追究法律责任。

第五章　附　则

第一百一十二条　本规定所称沿海水域、船舶、设施、作业，其含义与《海上交通安全法》使用的同一用语的含义相同，但有关法律、行政法规和本规定另有规定的除外。

本规定所称船舶经营人，包括船舶管理人。

本规定所称设施经营人，包括设施管理人。

本规定所称当事人，包括自然人和法人以及其他组织，可以与有海事行政违法行为的船舶所有人、经营人互相替换。

本规定所称船员职务证书，包括船员培训合格证、船员服务簿、船员适任证书及其他适任证件。

本规定所称的船舶登记证书，包括船舶国籍证书、船舶所有权登记证书、船舶抵押权登记证书、光船租赁登记证书。

本规定所称船员，包括船长、轮机长、驾驶员、轮机员、无线电人员、引航员和水上飞机、潜水器的相应人员以及其他船员。

本规定所称"危险货物"，系指具有爆炸、易燃、毒害、腐蚀、放射性、污染危害性等特性，在船舶载运过程中，容易造成人身伤害、财产损失或者环境污染而需要特别防护的物品，包括危险化学品。

第一百一十三条　本规定所称的以上、以内包括本数，所称的以下不包括本数，本规定另有规定的除外。

第一百一十四条　本规定所称日，是指工作日。

本规定所称月,按自然月计算。

本规定所称其他送达方式,是指委托送达、邮寄送达、留置送达、公告送达等《民事诉讼法》规定的方式。

第一百一十五条 海事管理机构办理海事行政处罚案件,应当使用交通运输部制订的统一格式的海事行政处罚文书。

第一百一十六条 本规定自2015年7月1日起施行。2003年7月10日以交通部令2003年第8号公布的《中华人民共和国海上海事行政处罚规定》同时废止。

城乡规划违法违纪行为处分办法

中华人民共和国监察部
人力资源和社会保障部
住房和城乡建设部令
第 33 号

《关于修改〈城乡规划违法违纪行为处分办法〉的决定》已经 2015 年 12 月 25 日监察部第 25 次部长办公会议、2015 年 9 月 6 日人力资源社会保障部第 72 次部务会议、2015 年 12 月 7 日住房城乡建设部第 25 次部常务会议、2015 年 8 月 27 日国家公务员局第 59 次局务会议审议通过,现予公布,自公布之日起施行。

监察部部长
人力资源和社会保障部部长
住房和城乡建设部部长
2016 年 1 月 18 日

(2012 年 12 月 3 日中华人民共和国监察部、中华人民共和国人力资源和社会保障部、中华人民共和国住房和城乡建设部令第 29 号公布;根据 2016 年 1 月 18 日中华人民共和国监察部、中华人民共和国人力资源和社会保障部、中华人民共和国住房和城乡建设部令第 33 号修正)

第一条 为了加强城乡规划管理，惩处城乡规划违法违纪行为，根据《中华人民共和国城乡规划法》、《中华人民共和国行政监察法》、《中华人民共和国公务员法》、《行政机关公务员处分条例》及其他有关法律、行政法规，制定本办法。

第二条 有城乡规划违法违纪行为的单位中负有责任的领导人员和直接责任人员，以及有城乡规划违法违纪行为的个人，应当承担纪律责任。属于下列人员的（以下统称有关责任人员），由任免机关或者监察机关按照管理权限依法给予处分：

（一）行政机关公务员；

（二）法律、法规授权的具有公共事务管理职能的组织中从事公务的人员；

（三）国家行政机关依法委托从事公共事务管理活动的组织中从事公务的人员；

（四）企业、人民团体中由行政机关任命的人员。

事业单位工作人员有本办法规定的城乡规划违法违纪行为的，依照《事业单位工作人员处分暂行规定》执行。

法律、行政法规、国务院决定及国务院监察机关、国务院人力资源社会保障部门制定的处分规章对城乡规划违法违纪行为的处分另有规定的，从其规定。

第三条 地方人民政府有下列行为之一的，对有关责任人员给予记过或者记大过处分；情节较重的，给予降级或者撤职处分；情节严重的，给予开除处分：

（一）依法应当编制城乡规划而未组织编制的；

（二）未按法定程序编制、审批、修改城乡规划的。

第四条 地方人民政府有下列行为之一的，对有关责任人员给予警告、记过或者记大过处分；情节较重的，给予降级或者撤职处分；情节严重的，给予开除处分：

（一）制定或者作出与城乡规划法律、法规、规章和国家有关文件相抵触的规定或者决定，造成不良后果或者经上级机关、有关部门指出仍不改正的；

（二）在城市总体规划、镇总体规划确定的建设用地范围以外设立各类开发区和城市新区的；

（三）违反风景名胜区规划，在风景名胜区内设立各类开发区的；

（四）违反规定以会议或者集体讨论决定方式要求城乡规划主管部门对不符合城乡规划的建设项目发放规划许可的。

第五条 地方人民政府及城乡规划主管部门委托不具有相应资质等级的单位编制城乡规划的，对有关责任人员给予警告或者记过处分；情节较重的，给予记大过或者降级处分；情节严重的，给予撤职处分。

第六条 地方人民政府及其有关主管部门工作人员，利用职权或者职务上的便利，为自己或者他人谋取私利，有下列行为之一的，给予记过或者记大过处分；情节较重的，给予降级或者撤职处分；情节严重的，给予开除处分：

（一）违反法定程序干预控制性详细规划的编制和修改，或者擅自修改控制性详细规划的；

（二）违反规定调整土地用途、容积率等规划条件核发规划许可，或者擅自改变规划许可内容的；

（三）违反规定对违法建设降低标准进行处罚，或者对应当依法拆除的违法建设不予拆除的。

第七条 乡、镇人民政府或者地方人民政府承担城乡规划监督检查职能的部门及其工作人员有下列行为之一的，对有关责任人员给予记过或者记大过处分；情节较重的，给予降级或者撤职处分；情节严重的，给予开除处分：

（一）发现未依法取得规划许可或者违反规划许可的规定在规划区内进行建设的行为不予查处，或者接到举报后不依法处理的；

（二）在规划管理过程中，因严重不负责任致使国家利益遭受损失的。

第八条　地方人民政府城乡规划主管部门及其工作人员在国有建设用地使用权出让合同签订后，违反规定调整土地用途、容积率等规划条件的，对有关责任人员给予警告或者记过处分；情节较重的，给予记大过或者降级处分；情节严重的，给予撤职处分。

第九条　地方人民政府城乡规划主管部门及其工作人员有下列行为之一的，对有关责任人员给予警告处分；情节较重的，给予记过或者记大过处分；情节严重的，给予降级处分：

（一）未依法对经审定的修建性详细规划、建设工程设计方案总平面图予以公布的；

（二）未征求规划地段内利害关系人意见，同意修改修建性详细规划、建设工程设计方案总平面图的。

第十条　县级以上地方人民政府城乡规划主管部门及其工作人员或者由省、自治区、直辖市人民政府确定的镇人民政府及其工作人员有下列行为之一的，对有关责任人员给予警告或者记过处分；情节较重的，给予记大过或者降级处分；情节严重的，给予撤职处分：

（一）违反规划条件核发建设用地规划许可证、建设工程规划许可证的；

（二）超越职权或者对不符合法定条件的申请人核发选址意见书、建设用地规划许可证、建设工程规划许可证、乡村建设规划许可证的；

（三）对符合法定条件的申请人不予核发或者未在法定期限内

核发选址意见书、建设用地规划许可证、建设工程规划许可证、乡村建设规划许可证的；

（四）违反规划批准在历史文化街区、名镇、名村核心保护范围内进行新建、扩建活动或者违反规定批准对历史建筑进行迁移、拆除的；

（五）违反基础设施用地的控制界限（黄线）、各类绿地范围的控制线（绿线）、历史文化街区和历史建筑的保护范围界限（紫线）、地表水体保护和控制的地域界限（蓝线）等城乡规划强制性内容的规定核发规划许可的。

第十一条　县人民政府城乡规划主管部门未依法组织编制或者未按照县人民政府所在地镇总体规划的要求编制县人民政府所在地镇的控制性详细规划的，对有关责任人员给予记过或者记大过处分；情节较重的，给予降级或者撤职处分；情节严重的，给予开除处分。

第十二条　城市人民政府城乡规划主管部门未依法组织编制或者未按照城市总体规划的要求编制城市的控制性详细规划的，对有关责任人员给予记过或者记大过处分；情节较重的，给予降级或者撤职处分；情节严重的，给予开除处分。

第十三条　县级以上人民政府有关部门及其工作人员有下列行为之一的，对有关责任人员给予警告或者记过处分；情节较重的，给予记大过或者降级处分；情节严重的，给予撤职处分：

（一）对未依法取得选址意见书的建设项目核发建设项目批准文件的；

（二）未依法在国有土地使用权出让合同中确定规划条件或者改变国有土地使用权出让合同中依法确定的规划条件的；

（三）对未依法取得建设用地规划许可证的建设单位划拨国有土地使用权的；

（四）对未在乡、村庄规划区建设用地范围内取得乡村建设规划许可证的建设单位或者个人办理用地审批手续，造成不良影响的。

第十四条 县级以上地方人民政府及其有关主管部门违反风景名胜区规划，批准在风景名胜区的核心景区内建设宾馆、培训中心、招待所、疗养院以及别墅、住宅等与风景名胜资源保护无关的其他建筑物的，对有关责任人员给予降级或者撤职处分。

第十五条 在国家级风景名胜区内修建缆车、索道等重大建设工程，项目的选址方案未经省级人民政府住房城乡建设主管部门或者直辖市风景名胜区主管部门核准，县级以上地方人民政府有关主管部门擅自核发选址意见书的，对有关责任人员给予警告或者记过处分；情节较重的，给予记大过或者降级处分；情节严重的，给予撤职处分。

第十六条 建设单位及其工作人员有下列行为之一的，对有关责任人员给予警告、记过或者记大过处分；情节较重的，给予降级或者撤职处分；情节严重的，给予开除处分：

（一）未依法取得建设项目规划许可，擅自开工建设的；

（二）未经城乡规划主管部门许可，擅自改变规划条件、设计方案，或者不按照规划要求配建公共设施及配套工程的；

（三）以伪造、欺骗等非法手段获取建设项目规划许可手续的；

（四）未经批准或者未按照批准内容进行临时建设，或者临时建筑物、构筑物超过批准期限不拆除的；

（五）违反历史文化名城、名镇、名村保护规划在历史文化街区、名镇、名村核心保护范围内，破坏传统格局、历史风貌，或者擅自新建、扩建、拆除建筑物、构筑物或者其他设施的；

（六）违反风景名胜区规划在风景名胜区核心景区内建设宾

馆、培训中心、招待所、疗养院以及别墅、住宅等与风景名胜资源保护无关的其他建筑物的。

第十七条 受到处分的人员对处分决定不服的,可以依照《中华人民共和国行政监察法》、《中华人民共和国公务员法》、《行政机关公务员处分条例》等有关规定,申请复核或者申诉。

第十八条 任免机关、监察机关和城乡规划主管部门建立案件移送制度。

任免机关或者监察机关查处城乡规划违法违纪案件,认为应当由城乡规划主管部门给予行政处罚的,应当将有关案件材料移送城乡规划主管部门。城乡规划主管部门应当依法及时查处,并将处理结果书面告知任免机关或者监察机关。

城乡规划主管部门查处城乡规划违法案件,认为应当由任免机关或者监察机关给予处分的,应当在作出行政处罚决定或者其他处理决定后,及时将有关案件材料移送任免机关或者监察机关。任免机关或者监察机关应当依法及时查处,并将处理结果书面告知城乡规划主管部门。

第十九条 有城乡规划违法违纪行为,应当给予党纪处分的,移送党的纪律检查机关处理;涉嫌犯罪的,移送司法机关依法追究刑事责任。

第二十条 本办法由监察部、人力资源社会保障部、住房城乡建设部负责解释。

第二十一条 本办法自2013年1月1日起施行。

国土资源部办公厅关于严格管理防止违法违规征地的紧急通知

国土资电发〔2013〕28号

各省、自治区、直辖市国土资源主管部门，新疆生产建设兵团国土资源局，各派驻地方的国家土地督察局：

近期，个别地方相继发生暴力征地事件，甚至出现人员伤亡，严重损害被征地农民权益，影响十分恶劣。中央领导同志高度重视，批示要求切实做好相关工作。为进一步加强征地管理，防止违法违规征地，杜绝暴力征地行为，保护被征地农民的合法权益，维护社会和谐稳定，现就有关事项通知如下：

一、强化思想认识，严防因征地引发矛盾和冲突

我国正处于"四化"同步发展的关键时期，社会和谐稳定是实现"两个一百年"奋斗目标的重要基础。当前，各类经济建设仍将依法依规征收一定数量的农村集体土地，积极稳妥地做好征地工作，事关经济社会发展大局、农民群众切身利益和社会和谐稳定。党中央、国务院一直高度重视征地工作，多次强调必须严格执行征地有关规定，坚决查处违法违规征地行为，维护好群众切身利益，防止引发社会稳定问题。各级国土资源主管部门要从维护人民群众切身利益、构建和谐社会的高度，认真领会并坚决贯彻落实好中央精神。要处理好"保发展、保红线、保权益"的关系，在促进经济发展和保护耕地的同时，将被征地农民的合法权益放在首要位置，切实促进被征地农民生活水平有提高，长远生计有保障，不得强行实施征地，杜绝暴力征地。

二、开展全面排查，坚决纠正违法违规征地行为

各省（区、市）国土资源主管部门要迅速行动，对本省（区、市）内征地工作组织开展一次自查，重点检查征地程序是否严格规范、补偿是否符合规定要求、安置是否落实、是否存在违法违规强制征地行为等。对征地程序不规范、补偿不到位、安置不落实的，必须立即进行整改；对违法违规强行征地行为，要严肃查处。凡整改、查处不到位的，不得继续实施征地。

三、加强调查研究，完善征地政策措施

各地区要进行深入调查研究，分析了解当前征地中存在的突出问题和原因，有针对性完善政策措施。要按照国家有关规定，制定与本地经济社会发展水平相适应的征地补偿标准，保障被征地农民得到合理补偿；要按照被征地农民发展权益不减少的原则，实行留地安置或留物业安置等多种安置方式；要按照发展权益均等的原则，制定相应的政策措施，将有稳定收入、风险小、易于管理的项目配置给被征地农村集体经营，确保被征地农民成为新型工业化、城镇化和农业现代化的积极参与者和真正受益者；要指导农村集体建立公平合理的收益分配制度，防止少数人侵占集体土地收益；要完善征地实施程序，严格落实征地信息公开要求，让群众充分了解征地相关信息，切实保障征地中农民的知情权、参与权，调动被征地农民的积极性，做到依法和谐征地。

四、改进工作方法，建立健全征地矛盾纠纷调处机制

征地实施前，要进行补偿安置收益分析，向被征地农民说明征地补偿标准的合理性、安置方式获得长远收益的可行性；要分析评估可能引发社会稳定风险的环节和因素，制定化解风险的预案。征地实施中，要加强监管，及时发现并化解苗头性、倾向性问题；要建立健全征地矛盾纠纷排查调处机制，认真做好征地中矛盾纠纷化解工作；征地实施中一旦发生矛盾冲突，基层国土资

源主管部门要及时主动向同级人民政府和上级国土资源主管部门报告，积极采取措施，配合妥善解决，防止事态扩大，引发群体性或恶性事件。

五、落实工作责任，严格实行监督问责

按照《国务院办公厅关于进一步严格征地拆迁管理工作切实维护群众合法权益的紧急通知》（国办发明电〔2010〕15号）有关精神，省级政府要加强对征地工作的管理和监督，市、县政府对征地管理工作负总责，有关部门要加强协作、密切配合，落实好征地的各项制度规定。省级国土资源主管部门要加强对征地工作的指导监督，督促市、县政府切实履行责任；市、县国土资源主管部门要依法制定征地方案，严格履行征地程序，会同有关部门做好征地批后实施工作。

各地区要认真履行职责，强化依法治理违法违规征地行为，确保依法征地、和谐征地，切实维护农民群众合法权益。对违法违规征地、采取暴力方式征地等侵害农民利益行为，引发群体性或恶性事件的，要按照有关规定对有关责任人员严肃追究责任。同时，要严格文明执法，防止因执法不当引发相关恶性事件。

各省（区、市）国土资源主管部门要认真落实通知要求，抓紧开展工作，排查整改落实情况于2013年6月15日前报部，同时抄送各派驻地方的国家土地督察局。

国土资源部办公厅
2013年5月13日

关于进一步加强和规范对违反国土资源管理法律法规行为报告工作的意见

国土资源部办公厅
关于印发《关于进一步加强和规范对违反国土资源管理法律法规行为报告工作的意见》的通知
国土资厅发〔2010〕58号

各省、自治区、直辖市国土资源厅（国土环境资源厅、国土资源局、国土资源和房屋管理局、规划和国土资源管理局），副省级城市国土资源行政主管部门，解放军土地管理局，新疆生产建设兵团国土资源局，各派驻地方的国家土地督察局，中国地质调查局及部其他直属单位，部机关各司局：

《关于进一步加强和规范对违反国土资源管理法律法规行为报告工作的意见》已经部长办公会审议通过，现予印发，请遵照执行。

二〇一〇年十一月十一日

为进一步加强和规范对违反国土资源管理法律法规行为（以下简称"违法行为"）的报告工作，及时制止和查处违法行为，提高执法监察效能，维护国土资源管理秩序，现对违法行为报告工作提出如下意见。

一、总体要求

对违法行为的报告工作是制止和查处违法行为的重要环节和

有效措施，也是地方各级国土资源行政主管部门的重要职责。地方各级国土资源行政主管部门要高度重视，进一步提高认识，完善零报告制度和定期报告制度，改进专项报告制度，明确和落实责任，确保工作落实到位。

二、进一步完善零报告制度和定期报告制度

县（市、区）国土资源行政主管部门的巡查人员和国土资源管理所的巡查人员，要按照《国土资源执法监察巡查工作规范（试行）》（国土资发〔2009〕127号）的规定，在每次巡查任务结束后，无论是否发现违法行为，均应向本级国土资源行政主管部门和国土资源管理所报告巡查结果，录入巡查信息系统实时上报并做好相关工作。

地方各级国土资源行政主管部门要按照《关于进一步做好有关数据报备工作的通知》（国土资厅发〔2008〕40号）等文件的规定，将违法案件查处数据录入案件查处信息系统实时上报，定期向上一级国土资源行政主管部门报告本辖区违法行为的总体情况，分析、研判违法形势，提出对策和建议。定期报告分为季度报告和年度报告，季度报告应当在下一季度首月的5日前报送，年度报告应当在下一年度的1月15日前报送。定期报告须经本级国土资源行政主管部门负责人签字并加盖本部门印章。

三、切实改进专项报告制度

（一）专项报告的情形

地方各级国土资源行政主管部门各类形式举报和发现的违法行为，应当核实并按照有关规定及时予以制止；符合立案条件的，应当及时立案查处。对于制止无效、查处无法实施的违法行为和案件，应当专项报告。专项报告必须以依法履行对违法行为的发现、制止和查处职责为前提。

（二）专项报告的对象、时限和内容

县级及县级以上国土资源行政主管部门，应当自制止无效、查处无法实施的情形出现之日起3日内，向本级人民政府和上一级国土资源行政主管部门专项报告，视情况抄送本级人民政府监察机关和其他有关部门。

对于因违法用地行为可能引发地质灾害、造成重大经济损失、重大环境污染和社会不稳定因素以及一些重大项目违法用地的，应当自发现之时，向本级人民政府和上一级国土资源行政主管部门专项报告，视情况抄送其他有关部门。

专项报告采取书面形式，经本级国土资源行政主管部门负责人签字并加盖本部门印章；情况紧急的，经本级国土资源行政主管部门负责人同意后可采用电话等方式口头报告，但要在3日内补交书面报告。专项报告包括以下主要内容：违法行为的基本情况、已采取的措施、制止查处中遇到的困难、存在的问题以及相关建议等。

（三）接到专项报告后的处置

上级国土资源行政主管部门接到下级国土资源行政主管部门的专项报告后，应当及时协调当地人民政府或者会同有关部门，采取措施，及时制止和查处违法行为。同时，对违法行为的制止、查处情况随时进行跟踪、了解。

省（区、市）国土资源行政主管部门对下级国土资源行政主管部门专项报告的违法行为，仍然制止无效、查处无法实施的，应当向省（区、市）人民政府和国土资源部专项报告。其中属于违反土地管理法律法规行为的，同时报告派驻地方的国家土地督察局。

上级国土资源行政主管部门对下级国土资源行政主管部门专项报告的违法行为，可以采取挂牌督办、直接查处或者会同有关部门查处等方式进行查处。派驻地方的国家土地督察局对省级国土资源行政主管部门专项报告的土地违法行为，可以依照有关规定采取督察措施。

四、严格落实责任追究

对不按规定报告的，国土资源行政主管部门应负相关责任。上级国土资源行政主管部门可以约谈下级国土资源行政主管部门的主要负责人，指出问题，限期改正，并按照有关规定追究相关人员的责任。已经切实依法履行制止、查处职责，并按规定报告但仍然制止无效、查处无法实施的，视为履行了监管职责，国土资源行政主管部门相关人员原则上不应承担相关责任。

上级国土资源行政主管部门接到下级国土资源行政主管部门的报告后，未及时采取措施处置的，上级国土资源行政主管部门应负相关责任。其上级国土资源行政主管部门可以约谈该国土资源行政主管部门的主要负责人，指出问题，限期改正，并按照有关规定追究相关人员的责任。

对地方人民政府接到本级国土资源行政主管部门的报告后，对违法行为不制止、不组织查处、隐瞒不报、压案不查的，上级国土资源行政主管部门应会同有关部门，按照《关于实行党政领导干部问责的暂行规定》（中办发〔2009〕25号）、《违反土地管理规定行为处分办法》（监察部、人力资源和社会保障部、国土资源部令第15号）有关规定，追究政府负有责任的领导人员和直接责任人员的责任。

地方各级国土资源行政主管部门可以根据本意见，结合本地实际，制定具体的实施意见。实施中的情况和问题，由省（区、市）国土资源行政主管部门报部。

国家税务总局关于修订税务行政处罚（简易）执法文书的公告

国家税务总局公告
2017年第33号

根据《国家税务总局关于进一步深化税务系统"放管服"改革 优化税收环境的若干意见》（税总发〔2017〕101号）要求，进一步减轻纳税人负担，提高办税便利化程度，国家税务总局对适用简易程序的税务行政处罚执法文书进行了修订，现公告如下：

一、税务机关依法对公民、法人或者其他组织当场作出行政处罚决定的，使用修订后的《税务行政处罚决定书（简易）》（见附件），不再另行填写《陈述申辩笔录》和《税务文书送达回证》。

二、本公告自2017年11月1日起施行。《国家税务总局关于印发全国统一税收执法文书式样的通知》（国税发〔2005〕179号）附件1中的《税务行政处罚决定书（简易）》同时废止。

特此公告。

附件：税务行政处罚决定书（简易）（略）

国家税务总局
2017年9月15日

中华人民共和国行政强制法

中华人民共和国主席令
第四十九号

《中华人民共和国行政强制法》已由中华人民共和国第十一届全国人民代表大会常务委员会第二十一次会议于2011年6月30日通过,现予公布,自2012年1月1日起施行。

中华人民共和国主席　胡锦涛
2011年6月30日

第一章　总　则

第一条　为了规范行政强制的设定和实施,保障和监督行政机关依法履行职责,维护公共利益和社会秩序,保护公民、法人和其他组织的合法权益,根据宪法,制定本法。

第二条　本法所称行政强制,包括行政强制措施和行政强制执行。

行政强制措施，是指行政机关在行政管理过程中，为制止违法行为、防止证据损毁、避免危害发生、控制危险扩大等情形，依法对公民的人身自由实施暂时性限制，或者对公民、法人或者其他组织的财物实施暂时性控制的行为。

行政强制执行，是指行政机关或者行政机关申请人民法院，对不履行行政决定的公民、法人或者其他组织，依法强制履行义务的行为。

第三条 行政强制的设定和实施，适用本法。

发生或者即将发生自然灾害、事故灾难、公共卫生事件或者社会安全事件等突发事件，行政机关采取应急措施或者临时措施，依照有关法律、行政法规的规定执行。

行政机关采取金融业审慎监管措施、进出境货物强制性技术监控措施，依照有关法律、行政法规的规定执行。

第四条 行政强制的设定和实施，应当依照法定的权限、范围、条件和程序。

第五条 行政强制的设定和实施，应当适当。采用非强制手段可以达到行政管理目的的，不得设定和实施行政强制。

第六条 实施行政强制，应当坚持教育与强制相结合。

第七条 行政机关及其工作人员不得利用行政强制权为单位或者个人谋取利益。

第八条 公民、法人或者其他组织对行政机关实施行政强制，享有陈述权、申辩权；有权依法申请行政复议或者提起行政诉讼；因行政机关违法实施行政强制受到损害的，有权依法要求赔偿。

公民、法人或者其他组织因人民法院在强制执行中有违法行为或者扩大强制执行范围受到损害的，有权依法要求赔偿。

第二章　行政强制的种类和设定

第九条　行政强制措施的种类：
（一）限制公民人身自由；
（二）查封场所、设施或者财物；
（三）扣押财物；
（四）冻结存款、汇款；
（五）其他行政强制措施。

第十条　行政强制措施由法律设定。

尚未制定法律，且属于国务院行政管理职权事项的，行政法规可以设定除本法第九条第一项、第四项和应当由法律规定的行政强制措施以外的其他行政强制措施。

尚未制定法律、行政法规，且属于地方性事务的，地方性法规可以设定本法第九条第二项、第三项的行政强制措施。

法律、法规以外的其他规范性文件不得设定行政强制措施。

第十一条　法律对行政强制措施的对象、条件、种类作了规定的，行政法规、地方性法规不得作出扩大规定。

法律中未设定行政强制措施的，行政法规、地方性法规不得设定行政强制措施。但是，法律规定特定事项由行政法规规定具体管理措施的，行政法规可以设定除本法第九条第一项、第四项和应当由法律规定的行政强制措施以外的其他行政强制措施。

第十二条　行政强制执行的方式：
（一）加处罚款或者滞纳金；
（二）划拨存款、汇款；
（三）拍卖或者依法处理查封、扣押的场所、设施或者财物；
（四）排除妨碍、恢复原状；

（五）代履行；

（六）其他强制执行方式。

第十三条 行政强制执行由法律设定。

法律没有规定行政机关强制执行的，作出行政决定的行政机关应当申请人民法院强制执行。

第十四条 起草法律草案、法规草案，拟设定行政强制的，起草单位应当采取听证会、论证会等形式听取意见，并向制定机关说明设定该行政强制的必要性、可能产生的影响以及听取和采纳意见的情况。

第十五条 行政强制的设定机关应当定期对其设定的行政强制进行评价，并对不适当的行政强制及时予以修改或者废止。

行政强制的实施机关可以对已设定的行政强制的实施情况及存在的必要性适时进行评价，并将意见报告该行政强制的设定机关。

公民、法人或者其他组织可以向行政强制的设定机关和实施机关就行政强制的设定和实施提出意见和建议。有关机关应当认真研究论证，并以适当方式予以反馈。

第三章　行政强制措施实施程序

第一节　一般规定

第十六条 行政机关履行行政管理职责，依照法律、法规的规定，实施行政强制措施。

违法行为情节显著轻微或者没有明显社会危害的，可以不采取行政强制措施。

第十七条 行政强制措施由法律、法规规定的行政机关在法定职权范围内实施。行政强制措施权不得委托。

依据《中华人民共和国行政处罚法》的规定行使相对集中行政处罚权的行政机关，可以实施法律、法规规定的与行政处罚权有关的行政强制措施。

行政强制措施应当由行政机关具备资格的行政执法人员实施，其他人员不得实施。

第十八条 行政机关实施行政强制措施应当遵守下列规定：

（一）实施前须向行政机关负责人报告并经批准；

（二）由两名以上行政执法人员实施；

（三）出示执法身份证件；

（四）通知当事人到场；

（五）当场告知当事人采取行政强制措施的理由、依据以及当事人依法享有的权利、救济途径；

（六）听取当事人的陈述和申辩；

（七）制作现场笔录；

（八）现场笔录由当事人和行政执法人员签名或者盖章，当事人拒绝的，在笔录中予以注明；

（九）当事人不到场的，邀请见证人到场，由见证人和行政执法人员在现场笔录上签名或者盖章；

（十）法律、法规规定的其他程序。

第十九条 情况紧急，需要当场实施行政强制措施的，行政执法人员应当在二十四小时内向行政机关负责人报告，并补办批准手续。行政机关负责人认为不应当采取行政强制措施的，应当立即解除。

第二十条 依照法律规定实施限制公民人身自由的行政强制措施，除应当履行本法第十八条规定的程序外，还应当遵守下列规定：

（一）当场告知或者实施行政强制措施后立即通知当事人家属实施行政强制措施的行政机关、地点和期限；

（二）在紧急情况下当场实施行政强制措施的，在返回行政机关后，立即向行政机关负责人报告并补办批准手续；

（三）法律规定的其他程序。

实施限制人身自由的行政强制措施不得超过法定期限。实施行政强制措施的目的已经达到或者条件已经消失，应当立即解除。

第二十一条　违法行为涉嫌犯罪应当移送司法机关的，行政机关应当将查封、扣押、冻结的财物一并移送，并书面告知当事人。

第二节　查封、扣押

第二十二条　查封、扣押应当由法律、法规规定的行政机关实施，其他任何行政机关或者组织不得实施。

第二十三条　查封、扣押限于涉案的场所、设施或者财物，不得查封、扣押与违法行为无关的场所、设施或者财物；不得查封、扣押公民个人及其所扶养家属的生活必需品。

当事人的场所、设施或者财物已被其他国家机关依法查封的，不得重复查封。

第二十四条　行政机关决定实施查封、扣押的，应当履行本法第十八条规定的程序，制作并当场交付查封、扣押决定书和清单。

查封、扣押决定书应当载明下列事项：

（一）当事人的姓名或者名称、地址；

（二）查封、扣押的理由、依据和期限；

（三）查封、扣押场所、设施或者财物的名称、数量等；

（四）申请行政复议或者提起行政诉讼的途径和期限；

（五）行政机关的名称、印章和日期。

查封、扣押清单一式二份，由当事人和行政机关分别保存。

第二十五条 查封、扣押的期限不得超过三十日；情况复杂的，经行政机关负责人批准，可以延长，但是延长期限不得超过三十日。法律、行政法规另有规定的除外。

延长查封、扣押的决定应当及时书面告知当事人，并说明理由。

对物品需要进行检测、检验、检疫或者技术鉴定的，查封、扣押的期间不包括检测、检验、检疫或者技术鉴定的期间。检测、检验、检疫或者技术鉴定的期间应当明确，并书面告知当事人。检测、检验、检疫或者技术鉴定的费用由行政机关承担。

第二十六条 对查封、扣押的场所、设施或者财物，行政机关应当妥善保管，不得使用或者损毁；造成损失的，应当承担赔偿责任。

对查封的场所、设施或者财物，行政机关可以委托第三人保管，第三人不得损毁或者擅自转移、处置。因第三人的原因造成的损失，行政机关先行赔付后，有权向第三人追偿。

因查封、扣押发生的保管费用由行政机关承担。

第二十七条 行政机关采取查封、扣押措施后，应当及时查清事实，在本法第二十五条规定的期限内作出处理决定。对违法事实清楚，依法应当没收的非法财物予以没收；法律、行政法规规定应当销毁的，依法销毁；应当解除查封、扣押的，作出解除查封、扣押的决定。

第二十八条 有下列情形之一的，行政机关应当及时作出解除查封、扣押决定：

（一）当事人没有违法行为；

（二）查封、扣押的场所、设施或者财物与违法行为无关；

（三）行政机关对违法行为已经作出处理决定，不再需要查封、扣押；

（四）查封、扣押期限已经届满；

（五）其他不再需要采取查封、扣押措施的情形。

解除查封、扣押应当立即退还财物；已将鲜活物品或者其他不易保管的财物拍卖或者变卖的，退还拍卖或者变卖所得款项。变卖价格明显低于市场价格，给当事人造成损失的，应当给予补偿。

第三节 冻 结

第二十九条 冻结存款、汇款应当由法律规定的行政机关实施，不得委托给其他行政机关或者组织；其他任何行政机关或者组织不得冻结存款、汇款。

冻结存款、汇款的数额应当与违法行为涉及的金额相当；已被其他国家机关依法冻结的，不得重复冻结。

第三十条 行政机关依照法律规定决定实施冻结存款、汇款的，应当履行本法第十八条第一项、第二项、第三项、第七项规定的程序，并向金融机构交付冻结通知书。

金融机构接到行政机关依法作出的冻结通知书后，应当立即予以冻结，不得拖延，不得在冻结前向当事人泄露信息。

法律规定以外的行政机关或者组织要求冻结当事人存款、汇款的，金融机构应当拒绝。

第三十一条 依照法律规定冻结存款、汇款的，作出决定的行政机关应当在三日内向当事人交付冻结决定书。冻结决定书应当载明下列事项：

（一）当事人的姓名或者名称、地址；

（二）冻结的理由、依据和期限；

（三）冻结的账号和数额；

（四）申请行政复议或者提起行政诉讼的途径和期限；

（五）行政机关的名称、印章和日期。

第三十二条 自冻结存款、汇款之日起三十日内，行政机关应当作出处理决定或者作出解除冻结决定；情况复杂的，经行政机关负责人批准，可以延长，但是延长期限不得超过三十日。法律另有规定的除外。

延长冻结的决定应当及时书面告知当事人，并说明理由。

第三十三条 有下列情形之一的，行政机关应当及时作出解除冻结决定：

（一）当事人没有违法行为；

（二）冻结的存款、汇款与违法行为无关；

（三）行政机关对违法行为已经作出处理决定，不再需要冻结；

（四）冻结期限已经届满；

（五）其他不再需要采取冻结措施的情形。

行政机关作出解除冻结决定的，应当及时通知金融机构和当事人。金融机构接到通知后，应当立即解除冻结。

行政机关逾期未作出处理决定或者解除冻结决定的，金融机构应当自冻结期满之日起解除冻结。

第四章 行政机关强制执行程序

第一节 一般规定

第三十四条 行政机关依法作出行政决定后，当事人在行政机关决定的期限内不履行义务的，具有行政强制执行权的行政机关依照本章规定强制执行。

第三十五条　行政机关作出强制执行决定前，应当事先催告当事人履行义务。催告应当以书面形式作出，并载明下列事项：

（一）履行义务的期限；

（二）履行义务的方式；

（三）涉及金钱给付的，应当有明确的金额和给付方式；

（四）当事人依法享有的陈述权和申辩权。

第三十六条　当事人收到催告书后有权进行陈述和申辩。行政机关应当充分听取当事人的意见，对当事人提出的事实、理由和证据，应当进行记录、复核。当事人提出的事实、理由或者证据成立的，行政机关应当采纳。

第三十七条　经催告，当事人逾期仍不履行行政决定，且无正当理由的，行政机关可以作出强制执行决定。

强制执行决定应当以书面形式作出，并载明下列事项：

（一）当事人的姓名或者名称、地址；

（二）强制执行的理由和依据；

（三）强制执行的方式和时间；

（四）申请行政复议或者提起行政诉讼的途径和期限；

（五）行政机关的名称、印章和日期。

在催告期间，对有证据证明有转移或者隐匿财物迹象的，行政机关可以作出立即强制执行决定。

第三十八条　催告书、行政强制执行决定书应当直接送达当事人。当事人拒绝接收或者无法直接送达当事人的，应当依照《中华人民共和国民事诉讼法》的有关规定送达。

第三十九条　有下列情形之一的，中止执行：

（一）当事人履行行政决定确有困难或者暂无履行能力的；

（二）第三人对执行标的主张权利，确有理由的；

（三）执行可能造成难以弥补的损失，且中止执行不损害公共利益的；

（四）行政机关认为需要中止执行的其他情形。

中止执行的情形消失后，行政机关应当恢复执行。对没有明显社会危害，当事人确无能力履行，中止执行满三年未恢复执行的，行政机关不再执行。

第四十条　有下列情形之一的，终结执行：

（一）公民死亡，无遗产可供执行，又无义务承受人的；

（二）法人或者其他组织终止，无财产可供执行，又无义务承受人的；

（三）执行标的灭失的；

（四）据以执行的行政决定被撤销的；

（五）行政机关认为需要终结执行的其他情形。

第四十一条　在执行中或者执行完毕后，据以执行的行政决定被撤销、变更，或者执行错误的，应当恢复原状或者退还财物；不能恢复原状或者退还财物的，依法给予赔偿。

第四十二条　实施行政强制执行，行政机关可以在不损害公共利益和他人合法权益的情况下，与当事人达成执行协议。执行协议可以约定分阶段履行；当事人采取补救措施的，可以减免加处的罚款或者滞纳金。

执行协议应当履行。当事人不履行执行协议的，行政机关应当恢复强制执行。

第四十三条　行政机关不得在夜间或者法定节假日实施行政强制执行。但是，情况紧急的除外。

行政机关不得对居民生活采取停止供水、供电、供热、供燃气等方式迫使当事人履行相关行政决定。

第四十四条 对违法的建筑物、构筑物、设施等需要强制拆除的，应当由行政机关予以公告，限期当事人自行拆除。当事人在法定期限内不申请行政复议或者提起行政诉讼，又不拆除的，行政机关可以依法强制拆除。

第二节 金钱给付义务的执行

第四十五条 行政机关依法作出金钱给付义务的行政决定，当事人逾期不履行的，行政机关可以依法加处罚款或者滞纳金。加处罚款或者滞纳金的标准应当告知当事人。

加处罚款或者滞纳金的数额不得超出金钱给付义务的数额。

第四十六条 行政机关依照本法第四十五条规定实施加处罚款或者滞纳金超过三十日，经催告当事人仍不履行的，具有行政强制执行权的行政机关可以强制执行。

行政机关实施强制执行前，需要采取查封、扣押、冻结措施的，依照本法第三章规定办理。

没有行政强制执行权的行政机关应当申请人民法院强制执行。但是，当事人在法定期限内不申请行政复议或者提起行政诉讼，经催告仍不履行的，在实施行政管理过程中已经采取查封、扣押措施的行政机关，可以将查封、扣押的财物依法拍卖抵缴罚款。

第四十七条 划拨存款、汇款应当由法律规定的行政机关决定，并书面通知金融机构。金融机构接到行政机关依法作出划拨存款、汇款的决定后，应当立即划拨。

法律规定以外的行政机关或者组织要求划拨当事人存款、汇款的，金融机构应当拒绝。

第四十八条 依法拍卖财物，由行政机关委托拍卖机构依照《中华人民共和国拍卖法》的规定办理。

第四十九条 划拨的存款、汇款以及拍卖和依法处理所得的款项应当上缴国库或者划入财政专户。任何行政机关或者个人不得以任何形式截留、私分或者变相私分。

第三节 代履行

第五十条 行政机关依法作出要求当事人履行排除妨碍、恢复原状等义务的行政决定，当事人逾期不履行，经催告仍不履行，其后果已经或者将危害交通安全、造成环境污染或者破坏自然资源的，行政机关可以代履行，或者委托没有利害关系的第三人代履行。

第五十一条 代履行应当遵守下列规定：

（一）代履行前送达决定书，代履行决定书应当载明当事人的姓名或者名称、地址，代履行的理由和依据、方式和时间、标的、费用预算以及代履行人；

（二）代履行三日前，催告当事人履行，当事人履行的，停止代履行；

（三）代履行时，作出决定的行政机关应当派员到场监督；

（四）代履行完毕，行政机关到场监督的工作人员、代履行人和当事人或者见证人应当在执行文书上签名或者盖章。

代履行的费用按照成本合理确定，由当事人承担。但是，法律另有规定的除外。

代履行不得采用暴力、胁迫以及其他非法方式。

第五十二条 需要立即清除道路、河道、航道或者公共场所的遗洒物、障碍物或者污染物，当事人不能清除的，行政机关可以决定立即实施代履行；当事人不在场的，行政机关应当在事后立即通知当事人，并依法作出处理。

第五章　申请人民法院强制执行

第五十三条　当事人在法定期限内不申请行政复议或者提起行政诉讼，又不履行行政决定的，没有行政强制执行权的行政机关可以自期限届满之日起三个月内，依照本章规定申请人民法院强制执行。

第五十四条　行政机关申请人民法院强制执行前，应当催告当事人履行义务。催告书送达十日后当事人仍未履行义务的，行政机关可以向所在地有管辖权的人民法院申请强制执行；执行对象是不动产的，向不动产所在地有管辖权的人民法院申请强制执行。

第五十五条　行政机关向人民法院申请强制执行，应当提供下列材料：

（一）强制执行申请书；
（二）行政决定书及作出决定的事实、理由和依据；
（三）当事人的意见及行政机关催告情况；
（四）申请强制执行标的情况；
（五）法律、行政法规规定的其他材料。

强制执行申请书应当由行政机关负责人签名，加盖行政机关的印章，并注明日期。

第五十六条　人民法院接到行政机关强制执行的申请，应当在五日内受理。

行政机关对人民法院不予受理的裁定有异议的，可以在十五日内向上一级人民法院申请复议，上一级人民法院应当自收到复议申请之日起十五日内作出是否受理的裁定。

第五十七条　人民法院对行政机关强制执行的申请进行书面

审查，对符合本法第五十五条规定，且行政决定具备法定执行效力的，除本法第五十八条规定的情形外，人民法院应当自受理之日起七日内作出执行裁定。

第五十八条 人民法院发现有下列情形之一的，在作出裁定前可以听取被执行人和行政机关的意见：

（一）明显缺乏事实根据的；

（二）明显缺乏法律、法规依据的；

（三）其他明显违法并损害被执行人合法权益的。

人民法院应当自受理之日起三十日内作出是否执行的裁定。裁定不予执行的，应当说明理由，并在五日内将不予执行的裁定送达行政机关。

行政机关对人民法院不予执行的裁定有异议的，可以自收到裁定之日起十五日内向上一级人民法院申请复议，上一级人民法院应当自收到复议申请之日起三十日内作出是否执行的裁定。

第五十九条 因情况紧急，为保障公共安全，行政机关可以申请人民法院立即执行。经人民法院院长批准，人民法院应当自作出执行裁定之日起五日内执行。

第六十条 行政机关申请人民法院强制执行，不缴纳申请费。强制执行的费用由被执行人承担。

人民法院以划拨、拍卖方式强制执行的，可以在划拨、拍卖后将强制执行的费用扣除。

依法拍卖财物，由人民法院委托拍卖机构依照《中华人民共和国拍卖法》的规定办理。

划拨的存款、汇款以及拍卖和依法处理所得的款项应当上缴国库或者划入财政专户，不得以任何形式截留、私分或者变相私分。

第六章 法律责任

第六十一条 行政机关实施行政强制,有下列情形之一的,由上级行政机关或者有关部门责令改正,对直接负责的主管人员和其他直接责任人员依法给予处分:

(一)没有法律、法规依据的;

(二)改变行政强制对象、条件、方式的;

(三)违反法定程序实施行政强制的;

(四)违反本法规定,在夜间或者法定节假日实施行政强制执行的;

(五)对居民生活采取停止供水、供电、供热、供燃气等方式迫使当事人履行相关行政决定的;

(六)有其他违法实施行政强制情形的。

第六十二条 违反本法规定,行政机关有下列情形之一的,由上级行政机关或者有关部门责令改正,对直接负责的主管人员和其他直接责任人员依法给予处分:

(一)扩大查封、扣押、冻结范围的;

(二)使用或者损毁查封、扣押场所、设施或者财物的;

(三)在查封、扣押法定期间不作出处理决定或者未依法及时解除查封、扣押的;

(四)在冻结存款、汇款法定期间不作出处理决定或者未依法及时解除冻结的。

第六十三条 行政机关将查封、扣押的财物或者划拨的存款、汇款以及拍卖和依法处理所得的款项,截留、私分或者变相私分的,由财政部门或者有关部门予以追缴;对直接负责的主管人员和其他直接责任人员依法给予记大过、降级、撤职或者开除的处分。

行政机关工作人员利用职务上的便利，将查封、扣押的场所、设施或者财物据为己有的，由上级行政机关或者有关部门责令改正，依法给予记大过、降级、撤职或者开除的处分。

第六十四条 行政机关及其工作人员利用行政强制权为单位或者个人谋取利益的，由上级行政机关或者有关部门责令改正，对直接负责的主管人员和其他直接责任人员依法给予处分。

第六十五条 违反本法规定，金融机构有下列行为之一的，由金融业监督管理机构责令改正，对直接负责的主管人员和其他直接责任人员依法给予处分：

（一）在冻结前向当事人泄露信息的；

（二）对应当立即冻结、划拨的存款、汇款不冻结或者不划拨，致使存款、汇款转移的；

（三）将不应当冻结、划拨的存款、汇款予以冻结或者划拨的；

（四）未及时解除冻结存款、汇款的。

第六十六条 违反本法规定，金融机构将款项划入国库或者财政专户以外的其他账户的，由金融业监督管理机构责令改正，并处以违法划拨款项二倍的罚款；对直接负责的主管人员和其他直接责任人员依法给予处分。

违反本法规定，行政机关、人民法院指令金融机构将款项划入国库或者财政专户以外的其他账户的，对直接负责的主管人员和其他直接责任人员依法给予处分。

第六十七条 人民法院及其工作人员在强制执行中有违法行为或者扩大强制执行范围的，对直接负责的主管人员和其他直接责任人员依法给予处分。

第六十八条 违反本法规定，给公民、法人或者其他组织造

— 137 —

成损失的，依法给予赔偿。

违反本法规定，构成犯罪的，依法追究刑事责任。

第七章　附　则

第六十九条　本法中十日以内期限的规定是指工作日，不含法定节假日。

第七十条　法律、行政法规授权的具有管理公共事务职能的组织在法定授权范围内，以自己的名义实施行政强制，适用本法有关行政机关的规定。

第七十一条　本法自2012年1月1日起施行。

全国普法学习读本
★★★★★

最新行政与科技法律法规读本

行政处罚法律法规学习读本
行政处罚项目法律法规

叶浦芳 主编

加大全民普法力度，建设社会主义法治文化，树立宪法法律至上、法律面前人人平等的法治理念。
——中国共产党第十九次全国代表大会《决胜全面建成小康社会 夺取新时代中国特色社会主义伟大胜利》

汕头大学出版社

图书在版编目（CIP）数据

行政处罚项目法律法规 / 叶浦芳主编. -- 汕头：汕头大学出版社，2023.4（重印）

（行政处罚法律法规学习读本）

ISBN 978-7-5658-2516-3

Ⅰ.①行… Ⅱ.①叶… Ⅲ.①行政处罚法-中国-学习参考资料 Ⅳ.①D922.112.4

中国版本图书馆 CIP 数据核字（2018）第 035081 号

行政处罚项目法律法规 XINGZHENG CHUFA XIANGMU FALÜ FAGUI

主　　编：	叶浦芳
责任编辑：	邹　峰
责任技编：	黄东生
封面设计：	大华文苑
出版发行：	汕头大学出版社
	广东省汕头市大学路 243 号汕头大学校园内　邮政编码：515063
电　　话：	0754-82904613
印　　刷：	三河市元兴印务有限公司
开　　本：	690mm×960mm 1/16
印　　张：	18
字　　数：	226 千字
版　　次：	2018 年 5 月第 1 版
印　　次：	2023 年 4 月第 2 次印刷
定　　价：	59.60 元（全 2 册）

ISBN 978-7-5658-2516-3

版权所有，翻版必究

如发现印装质量问题，请与承印厂联系退换

前 言

习近平总书记指出:"推进全民守法,必须着力增强全民法治观念。要坚持把全民普法和守法作为依法治国的长期基础性工作,采取有力措施加强法制宣传教育。要坚持法治教育从娃娃抓起,把法治教育纳入国民教育体系和精神文明创建内容,由易到难、循序渐进不断增强青少年的规则意识。要健全公民和组织守法信用记录,完善守法诚信褒奖机制和违法失信行为惩戒机制,形成守法光荣、违法可耻的社会氛围,使遵法守法成为全体人民共同追求和自觉行动。"

中共中央、国务院曾经转发了中央宣传部、司法部关于在公民中开展法治宣传教育的规划,并发出通知,要求各地区各部门结合实际认真贯彻执行。通知指出,全民普法和守法是依法治国的长期基础性工作。深入开展法治宣传教育,是全面建成小康社会和新农村的重要保障。

普法规划指出:各地区各部门要根据实际需要,从不同群体的特点出发,因地制宜开展有特色的法治宣传教育坚持集中法治宣传教育与经常性法治宣传教育相结合,深化法律进机关、进乡村、进社区、进学校、进企业、进单位的"法律六进"主题活动,完善工作标准,建立长效机制。

特别是农业、农村和农民问题,始终是关系党和人民事业发展的全局性和根本性问题。党中央、国务院发布的《关于推进社会主义新农村建设的若干意见》中明确提出要"加强农村法制建设,深入开展农村普法教育,增强农民的法制观念,提高农民依法行使权利和履行义务的自觉性。"多年普法实践证明,普及法律知识,提高法制观念，增强全社会依法办事意识具有重要作用。特别是在广大农村进行普法教育，是提高全民法律素质的需要。

多年来，我国在农村实行的改革开放取得了极大成功，农村发生了翻天覆地的变化，广大农民生活水平大大得到了提高。但是，由于历史和社会等原因，现阶段我国一些地区农民文化素质还不高，不学法、不懂法、不守法现象虽然较原来有所改变，但仍有相当一部分群众的法制观念仍很淡化，不懂、不愿借助法律来保护自身权益，这就极易受到不法的侵害，或极易进行违法犯罪活动，严重阻碍了全面建成小康社会和新农村步伐。

为此，根据党和政府的指示精神以及普法规划，特别是根据广大农村农民的现状，在有关部门和专家的指导下，特别编辑了这套《全国普法学习读本》。主要包括了广大人民群众应知应懂、实际实用的法律法规。为了辅导学习，附录还收入了相应法律法规的条例准则、实施细则、解读解答、案例分析等；同时为了突出法律法规的实际实用特点，兼顾地方性和特殊性，附录还收入了部分某些地方性法律法规以及非法律法规的政策文件、管理制度、应用表格等内容，拓展了本书的知识范围，使法律法规更"接地气"，便于读者学习掌握和实际应用。

在众多法律法规中，我们通过甄别，淘汰了废止的，精选了最新的、权威的和全面的。但有部分法律法规有些条款不适应当下情况了，却没有颁布新的，我们又不能擅自改动，只得保留原有条款，但附录却有相应的补充修改意见或通知等。众多法律法规根据不同内容和受众特点，经过归类组合，优化配套。整套普法读本非常全面系统，具有很强的学习性、实用性和指导性，非常适合用于广大农村和城乡普法学习教育与实践指导。总之，是全国全民普法的良好读本。

目 录

检察人员执法过错责任追究条例

第一章　总　则 …………………………………………（1）
第二章　责任追究范围 …………………………………（2）
第三章　责任追究程序 …………………………………（5）
第四章　附　则 …………………………………………（7）

公安机关人民警察执法过错责任追究规定

第一章　总　则 …………………………………………（8）
第二章　执法过错责任的认定 …………………………（9）
第三章　对执法过错责任人的处理 ……………………（10）
第四章　执法过错责任追究的程序 ……………………（12）
第五章　附　则 …………………………………………（13）

质量监督检验检疫行政执法监督与
行政执法过错责任追究办法

第一章　总　则 …………………………………………（14）
第二章　行政执法监督内容与方式 ……………………（15）
第三章　行政执法监督措施 ……………………………（17）
第四章　行政执法过错行为及责任人确定 ……………（19）
第五章　行政执法过错责任追究方式 …………………（21）
第六章　行政执法过错责任追究程序 …………………（22）
第七章　附　则 …………………………………………（23）

— 1 —

卫生监督执法过错责任追究办法（试行）

第一章　总　则 …………………………………………（25）
第二章　监督执法过错责任的认定 ……………………（26）
第三章　监督执法过错责任追究 ………………………（27）
第四章　附　则 …………………………………………（28）

旅游行政处罚办法

第一章　总　则 …………………………………………（29）
第二章　旅游行政处罚的实施主体与管辖 ……………（30）
第三章　旅游行政处罚的适用 …………………………（32）
第四章　旅游行政处罚的一般程序 ……………………（33）
第五章　旅游行政处罚的简易程序 ……………………（43）
第六章　旅游行政处罚的执行 …………………………（44）
第七章　旅游行政处罚的结案和归档 …………………（46）
第八章　旅游行政处罚的监督 …………………………（47）
第九章　附　则 …………………………………………（49）

环境行政处罚办法

第一章　总　则 …………………………………………（50）
第二章　实施主体与管辖 ………………………………（53）
第三章　一般程序 ………………………………………（54）
第四章　简易程序 ………………………………………（61）
第五章　执　行 …………………………………………（62）
第六章　结案和归档 ……………………………………（63）
第七章　监　督 …………………………………………（65）
第八章　附　则 …………………………………………（65）

目 录

附 录

党政领导干部生态环境损害责任追究办法（试行）………(67)

环境保护主管部门实施查封、扣押办法………………(72)

环境保护主管部门实施按日连续处罚办法……………(78)

规范环境行政处罚自由裁量权若干意见…………………(82)

食品药品行政处罚程序规定

第一章　总　则…………………………………………(90)

第二章　管　辖…………………………………………(91)

第三章　立　案…………………………………………(93)

第四章　调查取证………………………………………(94)

第五章　处罚决定………………………………………(97)

第六章　送　达…………………………………………(100)

第七章　执行与结案……………………………………(101)

第八章　附　则…………………………………………(102)

附 录

食品药品行政处罚案件信息公开实施细则（试行）……(104)

重大食品药品安全违法案件督办办法…………………(108)

药品安全"黑名单"管理规定（试行）…………………(112)

烟草专卖行政处罚程序规定

第一章　总　则…………………………………………(117)

第二章　管　辖…………………………………………(118)

第三章　简易程序………………………………………(119)

第四章　一般程序………………………………………(120)

第五章　听证程序………………………………………(126)

第六章　行政处罚的执行………………………………(128)

— 3 —

第七章 执法监督 …………………………………（129）
第八章 法律责任 …………………………………（130）
第九章 附　则 ……………………………………（131）
附　录
　　涉案卷烟价格管理规定 ………………………（133）

检察人员执法过错责任追究条例

最高人民检察院关于印发《检察人员执法过错责任追究条例》的通知

高检发〔2007〕12号

各省、自治区、直辖市人民检察院，军事检察院，新疆生产建设兵团人民检察院：

《检察人员执法过错责任追究条例》已经最高人民检察院第十届检察委员会第七十九次会议审议通过，现印发你们，请认真贯彻执行。

最高人民检察院
二〇〇七年九月二十六日

第一章 总 则

第一条 为保证检察人员严格执法、依法办案，维护司法公正，根据《中华人民共和国人民检察院组织法》、《中华人民共和国检察官法》等有关法律规定，制定本条例。

第二条 本条例所称执法过错，是指检察人员在执法办案活动中故意违反法律和有关规定，或者工作严重不负责任，导致案件实体错误、程序违法以及其他严重后果或者恶劣影响的行为。

对具有执法过错的检察人员，应当依照本条例和有关法律、纪律规定追究执法过错责任。

第三条　追究执法过错责任，应当遵循实事求是、主观过错与客观行为相一致、责任与处罚相适应、惩戒与教育相结合的原则。

第四条　追究执法过错责任，应当根据执法过错责任人的过错事实、情节、后果及态度，作出下列处理：

（一）批评教育。包括责令检查、诫勉谈话、通报批评、到上级人民检察院检讨责任；

（二）组织处理。包括暂停执行职务、调离执法岗位、延期晋级晋职、责令辞职、免职、调离检察机关、辞退；

（三）纪律处分和刑事处理。执法过错构成违纪的，应当依照检察纪律的规定给予纪律处分；构成犯罪的，应当依法追究刑事责任。

以上方式可以单独适用，也可以同时适用。

第五条　执法过错责任人主动报告并纠正错误，积极挽回损失或者消除影响的，应当从轻或者减轻处理。

执法过错责任人能够承认并纠正错误，积极挽回损失或者消除影响的，可以从轻或者减轻处理。

执法过错责任人明知有执法过错而不予纠正或者阻碍调查、追究的，应当从重处理。

第六条　检察长、副检察长及内设部门负责人对发生在职责范围内的执法过错隐瞒不报、压制不查、不予追究的，应当依照相关规定追究责任。

对于及时发现、制止、纠正检察人员执法过错并有突出成绩的人民检察院和检察人员，应当给予表彰奖励。

第二章　责任追究范围

第七条　检察人员在执法办案活动中，故意实施下列行为之一的，应当追究执法过错责任：

（一）包庇、放纵被举报人、犯罪嫌疑人、被告人，或者使无罪的人受到刑事追究的；

（二）刑讯逼供、暴力取证或者以其他非法方法获取证据的；

（三）违法违规剥夺、限制当事人、证人人身自由的；

（四）违法违规限制诉讼参与人的诉讼权利，造成严重后果或者恶劣影响的；

（五）超越刑事案件管辖初查、立案的；

（六）非法搜查或者损毁当事人财物的；

（七）违法违规查封、扣押、冻结款物，或者违法违规处理查封、扣押、冻结款物及其孳息的；

（八）对已经决定给予刑事赔偿的案件拒不赔偿或者拖延赔偿的；

（九）违法违规使用武器、警械的；

（十）其他违反诉讼程序或者执法办案规定，造成严重后果或者恶劣影响的。

第八条　检察人员在执法办案活动中不履行、不正确履行或放弃履行职责，造成下列后果之一的，应当追究执法过错责任：

（一）认定事实、适用法律错误，或者案件被错误处理的；

（二）重要犯罪嫌疑人或者重大罪行遗漏的；

（三）错误或者超期羁押犯罪嫌疑人、被告人的；

（四）涉案人员自杀、自伤、行凶的；

（五）犯罪嫌疑人、被告人串供、毁证、逃跑的；

（六）举报控告材料或者其他案件材料、扣押款物遗失、损毁的；

（七）举报控告材料内容或者其他案件秘密泄露的；

（八）矛盾激化，引起涉检信访人多次上访、越级上访的；

（九）其他严重后果或者恶劣影响的。

第九条　检察人员个人造成执法过错的，由个人承担责任。

两名以上检察人员造成执法过错的,应当根据其各自所起的作用分别承担责任。

第十条 承办人员的意见经主管人员审核批准造成执法过错的,由承办人员和主管人员分别承担责任。

主管人员不采纳或者改变承办人员的意见造成执法过错的,由主管人员承担责任。

承办人员因执行主管人员的错误命令、决定造成执法过错的,由主管人员承担责任。承办人员有过错的,也应当承担相应责任。

承办人员隐瞒、遗漏案件主要事实、证据或者重要情况,导致主管人员作出错误命令、决定并造成执法过错的,由承办人员承担责任。主管人员有过错的,也应当承担相应责任。

第十一条 下级人民检察院的意见经上级人民检察院同意造成执法过错的,由下级人民检察院和上级人民检察院的有关人员分别承担责任。

上级人民检察院不采纳或者改变下级人民检察院的意见造成执法过错的,由上级人民检察院有关人员承担责任。

下级人民检察院因执行上级人民检察院的错误决定造成执法过错的,由上级人民检察院有关人员承担责任。下级人民检察院有关人员有过错的,也应当承担相应责任。

下级人民检察院隐瞒、遗漏案件主要事实、证据或者重要情况,导致上级人民检察院作出错误命令、决定并造成执法过错的,由下级人民检察院有关人员承担责任。上级人民检察院有过错的,也应当承担相应责任。

第十二条 人民检察院及其执法办案部门经集体讨论造成执法过错的,由集体讨论的主持人和导致错误决定产生的其他人员分别承担责任。

案件承办人隐瞒、遗漏案件主要事实、证据或者重要情况,导致集体讨论结果错误并造成执法过错的,由案件承办人承担责任。

第十三条 执法办案活动中虽有错误发生,但具有下列情形之一的，不追究检察人员的执法过错责任：

（一）检察人员没有故意或者过失的；

（二）有关法律、纪律规定免予追究或者不予追究的。

第三章 责任追究程序

第十四条 检察人员执法过错线索由人民检察院监察部门统一管理。没有设置监察部门的基层人民检察院，由政工部门统一管理。

第十五条 地方各级人民检察院检察长、副检察长和检察委员会专职委员的执法过错线索，由上一级人民检察院受理、调查。

其他检察人员的执法过错线索由其所在人民检察院受理、调查，必要时上级人民检察院也可以直接受理、调查。

第十六条 人民检察院检察长、副检察长及内设部门通过下列途径发现执法过错线索后，应当在职责范围内进行初步审查或者初步核实，认为需要进一步调查和追究执法过错责任的，应当及时移送执法过错线索管理部门处理：

（一）受理来信来访和办理申诉、赔偿案件中发现的；

（二）执法办案内部监督和部门间相互制约中发现的；

（三）检务督察、专项检查、案件管理和业务指导中发现的；

（四）通过其他监督途径发现的。

第十七条 执法过错线索管理部门收到执法过错线索后，应当及时填写执法过错线索受理登记表，并在一个月内审核完毕，分别情况作出以下处理：

（一）认为需要对执法过错线索进行调查的，报主管领导或者检察长批准后进行调查，也可以报请检察长另行指定部门进行调查；

（二）认为没有执法过错或者具有本条例第十三条规定情形之一的，提出不予调查的审核意见，报主管领导批准后回复提供线索的部门或者人员。

第十八条 调查部门在调查核实执法过错线索的过程中，可以采取以下方式：

（一）查阅有关案件卷宗及其他相关资料；

（二）要求被调查人员就调查事项涉及的问题作出解释和说明；

（三）与相关知情人员谈话、了解情况；

（四）察看执法办案现场，走访相关单位；

（五）符合法律规定的其他方式。

第十九条 执法过错线索调查结束前，调查部门应当听取被调查人的陈述和申辩，并进行调查核实。对查证属实的申辩意见应当予以采纳，不予采纳的应当说明理由。

执法过错责任调查结束后，调查部门应当制作执法过错责任调查报告，并提请检察长办公会审议。调查报告应当包括下列内容：被调查人的基本情况；线索来源及调查过程；调查认定的事实；被调查人的申辩意见及采纳情况的说明；被调查人所在单位或者部门的意见；调查结论及处理意见等。

第二十条 检察长办公会对检察人员涉嫌执法过错的事实、证据研究确认后，应当分别情况作出以下处理：

（一）执法过错事实清楚、证据确实充分、需要追究执法过错责任的，作出追究执法过错责任决定；

（二）执法过错事实不清、证据不足的，退回调查部门补充调查，必要时，也可以另行指定部门重新调查；

（三）虽有执法过错事实，依照本条例规定不应当追究执法过错责任的，作出不追究执法过错责任决定；

（四）不存在执法过错事实的，作出无执法过错责任决定。

第二十一条 调查部门应当根据检察长办公会的决定制作执法过错责任追究决定书、不追究执法过错责任决定书、无执法过错责任决定书，送达被调查人及其所在单位、部门，并抄送执法过错线索管理部门。

第二十二条 追究执法过错责任决定书应当存入执法过错责任人的个人执法档案。

追究执法过错责任决定书、不追究执法过错责任决定书和无执法过错责任决定书应当报上一级人民检察院监察部门备案。

第二十三条　检察长办公会决定给予执法过错责任人批评教育的，由检察长办公会指定的部门或者人员承办；决定给予执法过错责任人组织处理的，由政工部门承办；决定给予执法过错责任人纪律处分的，由监察部门承办。需要追究执法过错责任人刑事责任的，由执法过错线索管理部门依法移送司法机关处理。

第二十四条　执法过错责任人对纪律处分或者组织处理决定不服的，可以自收到处分、处理决定书之日起三十日内向作出处分、处理决定的监察部门或者政工部门提出申诉，受理申诉的部门应当按照相关规定进行复查。

执法过错责任人对复查决定仍不服的，可以自收到复查决定书之日起三十日内向上一级人民检察院监察部门或者政工部门申请复核。上一级人民检察院监察部门、政工部门应当按照相关规定进行复核。

复查、复核期间，不停止原决定的执行。

第四章　附　　则

第二十五条　本条例所称检察人员，是指各级人民检察院检察长、副检察长、检察委员会委员、检察员、助理检察员、书记员、司法警察以及其他依法履行执法办案职责的人员。

第二十六条　本条例所称承办人员，是指在执法办案活动中直接承担执法办案任务的检察人员。

本条例所称主管人员，是指在执法办案活动中担负领导、指挥、审核职责的检察长、副检察长和内设部门负责人。

第二十七条　本条例由最高人民检察院负责解释。

第二十八条　本条例自颁布之日起施行。1998年6月26日颁布施行的《人民检察院错案责任追究条例（试行）》同时废止。

公安机关人民警察执法过错责任追究规定

中华人民共和国公安部令

第 138 号

修订后的《公安机关人民警察执法过错责任追究规定》已经 2016 年 1 月 4 日公安部部长办公会议通过，现予发布，自 2016 年 3 月 1 日起施行。

2016 年 1 月 14 日

第一章　总　则

第一条　为落实执法办案责任制，完善执法过错责任追究机制，保障公安机关及其人民警察依法正确履行职责，保护公民、法人和其他组织的合法权益，根据《中华人民共和国人民警察法》、《行政机关公务员处分条例》等有关法律法规，制定本规定。

第二条　本规定所称执法过错是指公安机关人民警察在执法办案中，故意或者过失造成的认定事实错误、适用法律错误、违反法定程序、作出违法处理决定等执法错误。

在事实表述、法条引用、文书制作等方面存在执法瑕疵，不影响案件处理结果的正确性及效力的,不属于本规定所称的执法过错,不予追究执法过错责任,但应当纳入执法质量考评进行监督并予以纠正。

第三条　追究执法过错责任,应当遵循实事求是、有错必纠、过错与处罚相适应、教育与惩处相结合的原则。

第四条　在执法过错责任追究工作中,公安机关纪检监察、督察、人事、法制以及执法办案等部门应当各负其责、互相配合。

第二章　执法过错责任的认定

第五条　执法办案人、鉴定人、审核人、审批人都有故意或者过失造成执法过错的,应当根据各自对执法过错所起的作用,分别承担责任。

第六条　审批人在审批时改变或者不采纳执法办案人、审核人的正确意见造成执法过错的,由审批人承担责任。

第七条　因执法办案人或者审核人弄虚作假、隐瞒真相,导致审批人错误审批造成执法过错的,由执法办案人或者审核人承担主要责任。

第八条　因鉴定人提供虚假、错误鉴定意见造成执法过错的,由鉴定人承担主要责任。

第九条　违反规定的程序,擅自行使职权造成执法过错的,由直接责任人员承担责任。

第十条　下级公安机关人民警察按照规定向上级请示的案件,因上级的决定、命令错误造成执法过错的,由上级有关责任人员承担责任。因下级故意提供虚假材料或者不如实汇报导致执法过错的,由下级有关责任人员承担责任。

下级对超越法律、法规规定的人民警察职责范围的指令,有权拒绝执行,并同时向上级机关报告。没有报告造成执法过错的,由上级和下级分别承担相应的责任;已经报告的,由上级承担责任。

第十一条　对其他执法过错情形,应当根据公安机关人民警察在执法办案中各自承担的职责,区分不同情况,分别追究有关人员的责任。

第三章　对执法过错责任人的处理

第十二条　对执法过错责任人员,应当根据其违法事实、情节、后果和责任程度分别追究刑事责任、行政纪律责任或者作出其他处理。

第十三条　追究行政纪律责任的,由人事部门或者纪检监察部门依照《行政机关公务员处分条例》和《公安机关人民警察纪律条令》等规定依法给予处分;构成犯罪的,依法移送有关司法机关处理。

第十四条　作出其他处理的,由相关部门提出处理意见,经公安机关负责人批准,可以单独或者合并作出以下处理:

(一)诫勉谈话;

(二)责令作出书面检查;

(三)取消评选先进的资格;

(四)通报批评;

(五)停止执行职务;

(六)延期晋级、晋职或者降低警衔;

(七)引咎辞职、责令辞职或者免职;

(八)限期调离公安机关;

(九)辞退或者取消录用。

第十五条　公安机关依法承担国家赔偿责任的案件,除依照本规定追究执法过错责任外,还应当依照《中华人民共和国国家赔偿法》的规定,向有关责任人员追偿部分或者全部赔偿费用。

第十六条　执法过错责任人受到开除处分、刑事处罚或者犯有其他严重错误,应当按照有关规定撤销相关的奖励。

第十七条　发生执法过错案件，影响恶劣、后果严重的，除追究直接责任人员的责任外，还应当依照有关规定追究公安机关领导责任。

年度内发生严重的执法过错或者发生多次执法过错的公安机关和执法办案部门，本年度不得评选为先进集体。

第十八条　对执法过错责任人的处理情况分别记入人事档案、执法档案，作为考核、定级、晋职、晋升等工作的重要依据。

第十九条　具有下列情形之一的，应当从重追究执法过错责任：

（一）因贪赃枉法、徇私舞弊、刑讯逼供、伪造证据、通风报信、蓄意报复、陷害等故意造成执法过错的；

（二）阻碍追究执法过错责任的；

（三）对检举、控告、申诉人打击报复的；

（四）多次发生执法过错的；

（五）情节恶劣、后果严重的。

第二十条　具有下列情形之一的，可以从轻、减轻或者免予追究执法过错责任：

（一）由于轻微过失造成执法过错的；

（二）主动承认错误，并及时纠正的；

（三）执法过错发生后能够配合有关部门工作，减少损失、挽回影响的；

（四）情节轻微、尚未造成严重后果的。

第二十一条　具有下列情形之一的，不予追究执法过错责任：

（一）因法律法规、司法解释发生变化，改变案件定性、处理的；

（二）因法律规定不明确、有关司法解释不一致，致使案件定性、处理存在争议的；

（三）因不能预见或者无法抗拒的原因致使执法过错发生的；

（四）对案件基本事实的判断存在争议或者疑问，根据证据规则能够予以合理说明的；

（五）因出现新证据而改变原结论的；

（六）原结论依据的法律文书被撤销或者变更的；

（七）因执法相对人的过错致使执法过错发生的。

第四章　执法过错责任追究的程序

第二十二条　追究执法过错责任，由发生执法过错的公安机关负责查处。

上级公安机关发现下级公安机关应当查处而未查处的，应当责成下级公安机关查处；必要时，也可以直接查处。

第二十三条　公安机关纪检监察、督察、审计、法制以及执法办案等部门，应当在各自职责范围内主动、及时检查、纠正和处理执法过错案件。

第二十四条　各有关部门调查后，认为需要法制部门认定执法过错的，可以将案件材料移送法制部门认定。

第二十五条　法制部门认定执法过错案件，可以通过阅卷、组织有关专家讨论、会同有关部门调查核实等方式进行，形成执法过错认定书面意见后，及时送达有关移送部门，由移送部门按照本规定第十三条、第十四条作出处理。

第二十六条　被追究执法过错责任的公安机关人民警察及其所属部门不服执法过错责任追究的，可以在收到执法过错责任追究决定之日起五日内向作出决定的公安机关或者上一级公安机关申诉；接受申诉的公安机关应当认真核实，并在三十日内作出最终决定。法律、法规另有规定的，按照有关规定办理。

第二十七条　因故意或者重大过失造成错案，不受执法过错责任人单位、职务、职级变动或者退休的影响，终身追究执法过错责任。

错案责任人已调至其他公安机关或者其他单位的，应当向其所在单位通报，并提出处理建议；错案责任人在被作出追责决定前，已被开除、辞退且无相关单位的，应当在追责决定中明确其应当承担的责任。

第二十八条 各级公安机关对执法过错案件应当采取有效措施予以整改、纠正，对典型案件应当进行剖析、通报。

第五章 附 则

第二十九条 各省、自治区、直辖市公安厅局和新疆生产建设兵团公安局可以根据本规定，结合本地实际制定实施细则。

第三十条 本规定自 2016 年 3 月 1 日起施行。1999 年 6 月 11 日发布的《公安机关人民警察执法过错责任追究规定》（公安部令第 41 号）同时废止。

质量监督检验检疫行政执法监督与行政执法过错责任追究办法

国家质量监督检验检疫总局令
第 59 号

《质量监督检验检疫行政执法监督与行政执法过错责任追究办法》已经 2003 年 12 月 31 日国家质量监督检验检疫总局局务会议审议通过，现予公布，自 2004 年 3 月 10 日起施行。

国家质量监督检验检疫总局局长
二〇〇四年一月十八日

第一章 总 则

第一条 为加强质量监督检验检疫行政执法监督、行政执法过错责任追究工作，规范行政执法行为，促进依法行政，结合工作实际，制定本办法。

第二条 本办法所称行政执法监督，是指国家质量监督检验检疫总局（以下简称国家质检总局）、各级出入境检验检疫局、质量技术监督局实施的对所属部门及下级机构行政执法活动的监督。

第三条 本办法所称行政执法过错责任，是指国家质检总局、各级出入境检验检疫局、质量技术监督局的工作人员在行政执法过程中，因故意或者重大过失，违法执法、不当执法或者不履行法定职责，给国家或者行政相对人的利益造成损害的行为应承担的责任。

　　第四条 国家质检总局法制工作部门负责管理、指导和协调全国出入境检验检疫和质量技术监督行政执法监督、行政执法过错责任追究工作。

　　各级出入境检验检疫局、质量技术监督局法制工作机构负责组织实施所辖区域相关业务的行政执法监督、行政执法过错责任追究工作。

　　第五条 行政执法监督工作遵循以事实为依据，以法律为准绳的原则，做到有法可依、有法必依、执法必严、违法必究。

　　第六条 行政执法过错责任的追究工作应当坚持实事求是、有错必纠、惩戒与教育相结合、处分与责任相适应的原则。

第二章　行政执法监督内容与方式

　　第七条 行政执法监督的内容包括：
　　（一）行政执法主体的合法性；
　　（二）具体行政行为的合法性和适当性；
　　（三）规范性文件的合法性；
　　（四）行政执法监督制度建立健全情况；
　　（五）法律、法规、规章的施行情况；
　　（六）涉及行政复议、行政诉讼、行政赔偿、向司法机关移送案件等有关情况；
　　（七）其他需要监督检查的事项。
　　第八条 各级出入境检验检疫局、质量技术监督局应每年对本单位法律、法规、规章的施行情况进行一次全面检查和总结。

第九条　各级出入境检验检疫局、质量技术监督局制定的行政执法规范性文件，应当于发布之日起一个月内报上一级机关备案。

第十条　各直属出入境检验检疫局、各省（自治区、直辖市）质量技术监督局办理的需要进行听证的行政处罚案件，应于结案后15日内报国家质检总局备案。

各直属出入境检验检疫局所属局、各省（自治区、直辖市）以下质量技术监督局办理的需要进行听证的行政处罚案件，应于结案后1个月内报上一级直属出入境检验检疫局、质量技术监督局备案。

向司法机关移送的和经人民法院审理判决的案件，相关直属出入境检验检疫局、省（自治区、直辖市）质量技术监督局应于移送、结案后一个月报总局备案。

依照其他规定需要上报或者通报的其他事项，也应当在规定的时间内上报或者通报。

第十一条　行政执法监督可以采取自查、互查、抽查的方式进行，或者以上几种方式结合进行。

第十二条　国家质检总局根据需要组织开展执法检查工作或者专项执法检查工作。

各级出入境检验检疫局、质量技术监督局根据上级机关部署或者根据需要，组织开展所辖区域执法检查工作。

第十三条　国家质检总局、各级出入境检验检疫局、质量技术监督局进行行政执法检查时，有权调阅有关行政执法案卷和文件材料、实施现场检查。受查单位及其有关人员应当予以协助和配合，如实反映情况，提供有关资料，不得隐瞒、阻挠或者拒绝行政执法检查。

第十四条　行政执法检查工作结束后，执行检查的机构应对行政执法检查情况进行总结，对存在的普遍性、倾向性问题提出整改意见，通报所属机构检查纠正，所属机构应当向上级报告检查纠正情况。

第十五条 国家质检总局、各级出入境检验检疫局、质量技术监督局可以根据反映以及公民、法人或者其他组织的申诉、检举、控告或者根据人大、政协、司法机关等部门的建议，对有关行政执法行为组织调查。

行政执法行为的调查结果应及时反馈有关申诉、检举、控告、建议单位或者个人。

第三章 行政执法监督措施

第十六条 各直属出入境检验检疫局有下列情形之一的，国家质检总局可以责令纠正或者撤销；其他各地出入境检验检疫局有下列情形之一的，上一级出入境检验检疫局可以责令纠正或者撤销；省（自治区、直辖市）质量技术监督局有下列情形之一的，国家质检总局可以建议当地质量技术监督局纠正、也可以建议当地人民政府责令纠正或者撤销；其他各地质量技术监督局有下列情形之一的，上一级质量技术监督局可以责令纠正或者撤销。

（一）行政执法主体不合法的；

（二）行政执法程序违法或者不当的；

（三）具体行政行为违法或者不当的；

（四）规范性文件不合法的；

（五）各级出入境检验检疫局、质量技术监督局工作人员不履行法定职责的；

（六）其他应当纠正的违法行为。

第十七条 建议纠正或者撤销第十六条所列情形，应当制作《执法监督通知（决定）书》（见附件），《执法监督通知（决定）书》应当载明以下内容：

（一）被检查的出入境检验检疫局、质量技术监督局的名称；

（二）认定的事实和理由；

（三）处理的决定和依据；

（四）执行处理决定的方式和期限；

（五）执行检查的机构名称和做出《执法监督通知（决定）书》的日期，并加盖印章。

第十八条 接到《执法监督通知（决定）书》的单位，应在限定期限内按要求做出纠正，并书面向发出《执法监督通知（决定）书》的机构报告执行结果。

被检查的出入境检验检疫局、质量技术监督局对《执法监督通知（决定）书》决定不服的，可以在收到《执法监督通知（决定）书》之日起10日内向发出《执法监督通知（决定）书》的机构申请复查。发出《执法监督通知（决定）书》的机构应当自接到复查申请之日起15日内做出复查决定。对复查后做出的决定，被检查的出入境检验检疫局、质量技术监督局应当执行。

第十九条 有下列情形之一的，国家质检总局、出入境检验检疫局、质量技术监督局，可根据情节轻重对被监督的各级出入境检验检疫局、质量技术监督局给予通报批评，按照规定对有关责任人员予以行政处分：

（一）拒不执行国家质检总局、各级出入境检验检疫局、质量技术监督局行政执法监督工作规定的；

（二）对《执法监督通知（决定）书》指出的纠正事项，无正当理由拒不纠正的；

（三）不如实提供资料、谎报执法情况，干扰或者拒绝执法监督的；

（四）无正当理由拒不查办上级交办的案件或者公民、法人、其他组织申诉、控告、检举的案件的；

（五）对申诉人、控告人、检举人或者执法监督人员打击报复的。

第四章　行政执法过错行为及责任人确定

第二十条　行政执法过错行为是指质量监督检验检疫工作人员应当承担行政执法过错责任的行为。包括：

（一）违反法律、法规、规章规定实施行政检查的；

（二）超过法定权限或者委托权限实施行政行为的；

（三）违反规定跨辖区实施行政执法行为的；

（四）违反规定抽取、保管或者处理样品造成不良后果的；

（五）在办案过程中，为违法嫌疑人通风报信，泄露案情，致使违法行为未受处理或者给办案造成困难的；

（六）违反规定采取登记保存、封存、查封、扣押、隔离、留验、销毁、监督销毁、卫生除害处理、退回等行政强制措施的；

（七）擅自解除被依法登记保存、封存、查封、扣押、隔离、留验等行政强制措施，造成不良后果的；

（八）隐匿、私分、变卖、调换、损坏登记保存、封存、查封、扣押的财物，给当事人造成损失的；

（九）无法定依据、违反法定程序或者超过法定种类、幅度实施行政处罚的；

（十）拒绝或者拖延履行法定职责，无故刁难行政相对人，造成不良影响的；

（十一）未按罚缴分离的原则或者行政处罚决定规定的数额收缴罚款的，对罚没款、罚没物品违法予以处理的，违反国家有关规定征收财物、收取费用的；

（十二）以收取检验费等方式代替行政处罚的；

（十三）依法应当移交司法机关追究刑事责任，不予移交或者以行政处罚代替的；

（十四）泄露行政相对人的商业秘密给行政相对人造成损失的；

（十五）阻碍行政相对人行使申诉、听证、复议、诉讼和其他合法权利，情节恶劣，造成严重后果的；

（十六）因办案人员的主观过错导致案件主要违法事实认定错误，被人民法院、复议机关撤销或者部分撤销具体行政行为的；

（十七）无正当理由拒不执行或者错误执行发生法律效力的行政判决、裁定、复议决定和其他纠正违法行为的决定、命令的；

（十八）违反法律、法规规定向社会推荐生产者的产品或者以监制、监销等方式参与产品生产经营活动的；

（十九）滥用职权，阻挠、干预查处或者包庇、放纵生产、销售假冒伪劣商品行为，造成严重后果的；

（二十）未经检验检疫，出具检验检疫单证或者伪造检验检疫结果、原始记录、考核记录造成严重后果的；

（二十一）出卖或者变相出卖检验检疫单证、封识、标志的，违反单证、印章管理规定，导致单证、印章流失或者被盗用的，未按规定范围和要求加施、监督检验检疫封识、标志的；

（二十二）违反法律法规规定，实施行政许可的；

（二十三）对于需要按照规定上报或者通报的事项，没有及时上报或者通报的；

（二十四）依照法律、法规和规章规定应承担行政执法过错责任的其他行为。

第二十一条 直接做出过错行为的工作人员是行政执法过错责任人。

行政执法过错行为经审核、批准做出的，具体工作人员、审核人、批准人均为过错责任人，分别承担相应的责任。

第二十二条 因具体工作人员隐瞒事实、隐匿证据或者提供虚假情况等行为造成审核人、批准人的审核、批准失误或者不当的，具体工作人员是行政执法过错责任人。

第二十三条 因审核人的故意行为造成批准人失误或者不当的，审核人是行政执法过错责任人。

第二十四条 审核人变更具体工作人员的正确意见,批准人批准该审核意见,出现行政执法过错的,审核人、批准人是行政执法过错责任人。

第二十五条 批准人变更具体工作人员和审核人的正确意见,出现行政执法过错的,批准人是行政执法过错责任人。

第二十六条 集体讨论决定而导致的行政执法过错,决策人为行政执法过错主要责任人,参加讨论的其他人员为次要责任人,提出并坚持正确意见的人员不承担责任。

第二十七条 因不作为发生行政执法过错的,根据岗位责任确定行政执法过错责任人。

第二十八条 因发生行政执法过错未被及时发现,造成不良后果的,其上一级主管领导应承担失察责任。

第二十九条 对行政执法过错行为不及时报告、虚报、瞒报甚至包庇、纵容的,单位主要领导人应承担责任。

第三十条 因行政复议机关的有关人员过错造成行政复议案件认定事实错误、适用法律不当的,行政复议机关的有关人员承担行政执法过错责任。

第五章 行政执法过错责任追究方式

第三十一条 追究行政执法过错责任,主要采取以下方式:
(一)责令书面检查;
(二)通报批评;
(三)暂扣或者吊销行政执法证件或者调离行政执法工作岗位;
(四)警告、记过、记大过、降级、撤职、开除等行政处分;
(五)因故意或者重大过失的行政执法过错引起行政赔偿的,承担全部或者部分赔偿责任;
(六)涉嫌犯罪的,移送司法机关处理。

以上所列行政执法过错责任追究方式，可视情节单独或者合并使用。

第三十二条 有下列情形之一的，可以从轻、减轻或者免除过错行为人的行政执法过错责任：

（一）行政执法过错行为情节轻微，未造成不良影响的；

（二）因无法预见的客观因素导致过错行为人的行政执法过错的；

（三）过错行为人在其过错行为被监督检查发现前主动承认错误，或者在过错行为发生后能主动纠正进行补救的。

第三十三条 有下列情形之一的，应当从重处理：

（一）不配合有关部门调查，或者阻挠行政执法过错责任追究的；

（二）对举报、控告、申诉或者案件调查人员进行打击报复的；

（三）1年内发生2次行政执法过错的；

（四）执法过程中有索贿受贿、敲诈勒索、徇私舞弊等行为的；

（五）因行政执法过错给他人造成严重损害，或者造成严重不良影响的。

第六章　行政执法过错责任追究程序

第三十四条 国家质检总局、各级出入境检验检疫局、质量技术监督局通过公民、法人或者其他组织检举、投诉、申诉或者执法检查、司法、行政监督及其他途径发现行政执法过错行为的，应在5日内予以立案。

第三十五条 国家质检总局、各级出入境检验检疫局、质量技术监督局应组成调查小组进行调查。调查处理工作应在立案之日起3个月内完成，情节复杂或者有其他特殊原因的，经批准可以适当延长时间，但最长不得超过半年。

第三十六条 调查人员在调查过程中应听取涉嫌过错责任人的陈述和申辩。

第三十七条　行政执法过错责任追究处理决定应在5日内报上一级机关备案。

追究行政执法过错责任应按照干部管理权限实施。

第三十八条　各级出入境检验检疫局、质量技术监督局对过错责任人不按规定期限处理或者处理不当的，其上一级机关可以责令限期处理或者改正。

第三十九条　行政执法过错责任人对处理决定不服的，可在接到处理决定之日起30日内向做出处理决定的机关申请复核或者向其上一级机构提出申诉。

复核决定应在30日内做出，复核期间处理决定不停止执行。

第七章　附　则

第四十条　依据国家行政法规授权从事纤维质量监督行政执法工作人员和受行政机关委托从事行政执法工作的事业单位工作人员违反本办法规定，需要追究其行政执法过错责任的，参照本办法执行。

国家认证认可监督管理委员会、国家标准化管理委员会行政执法监督与行政执法过错责任追究工作参照本办法执行。

第四十一条　行政监察、审计等专门机关对行政执法的监督，依照有关法律、法规的规定进行。

第四十二条　对在实施行政执法监督检查、行政执法过错责任追究工作中成绩突出的先进集体和个人应当予以表彰。

第四十三条　本办法由国家质检总局负责解释。

第四十四条　本办法自2004年3月12日起施行。原国家出入境检验检疫局2000年12月12日发布的《出入境检验检疫行政执法过错责任追究办法》和原国家技术监督局1997年9月3日发布的《技术监督行政执法监督实施办法》、原国家质量技术监督局2000年6月8日发布的《质量技术监督行政执法过错责任追究规定》同时废止。

附件：

××局行政执法监督通知（决定）书
×法监字〔201×〕×号

××局：

经我局检查，（以下为经查证属实的基本情况）

你局的××决定（行为）违反了××规定，根据《质量监督检验检疫行政执法监督与行政执法过错责任追究办法》有关规定，责令你局于×月×日之前改正（依据××规定，撤销你局××决定），请将改正情况书面报送我局。

如对本通知不服，可在收到本通知书之日起10日内向我局申请复查。

××局

年　月　日

卫生监督执法过错责任追究办法（试行）

卫生部办公厅关于印发
《卫生监督执法过错责任追究办法（试行）》的通知

各省、自治区、直辖市卫生厅局，新疆生产建设兵团卫生局，卫生部卫生监督中心：

为推进依法行政，进一步贯彻落实卫生行政执法责任制，我部制定了《卫生监督执法过错责任追究办法（试行）》。现印发给你们，请遵照执行。

二〇〇六年十二月二十日

第一章 总 则

第一条 为促进依法行政，保障卫生法律、法规、规章全面正确实施，维护公民、法人或者其他组织的合法权益，依据有关法律法规的规定，制定本办法。

第二条 卫生行政部门及其执法人员在实施卫生监督检查、卫生行政处罚、行政强制措施等执法活动中发生执法过错，按照本办法追究责任。

第三条 本办法所称的卫生监督执法过错是指卫生行政部门及其执法人员在执法活动中,由于主观故意或过失违反法律规定,不履行法定职责或者执法不当的行为。

第四条 卫生监督执法过错责任追究工作坚持实事求是、有错必纠、责罚相当、教育和惩戒相结合的原则。

第五条 各级卫生行政部门负责人主管卫生监督执法过错责任追究工作,指定专门的机构负责本部门的监督执法过错责任追究。

第二章 监督执法过错责任的认定

第六条 卫生行政部门及其执法人员在卫生行政执法活动中,故意违反法律法规规定或存在重大过失,有下列情形之一的,应当追究卫生监督执法过错责任:

(一) 超越法定权限执法的;

(二) 认定事实不清、主要证据不足,导致行政行为有过错的;

(三) 适用法律、法规、规章错误的;

(四) 违反法定程序的;

(五) 不履行法定职责的;

(六) 滥用职权侵害公民、法人和其他组织的合法权益的。

第七条 有下列情形的,应当认定具体行政行为有过错,并予以追究责任:

(一) 行政复议机关行政复议决定认定具体行政行为有过错的;

(二) 人民法院生效判决认定具体行政行为有过错的;

(三) 其他方面反映并经核实,认定具体行政行为有过错的。

第八条 检验、鉴定人提供虚假、错误检验或鉴定报告,造成行政行为过错的,依据有关规定追究检验、鉴定机构及其有关人员的责任。

相关专业技术人员违反有关规定,未按要求进行技术评估、评审,造成行政行为过错的,依据有关规定追究其责任。

第九条　有下列情形之一的，不属于监督执法过错责任追究范围：

（一）法律规定及标准、规范不明确或者有关解释不一致的；

（二）因不可抗力导致行政行为错误的。

第三章　监督执法过错责任追究

第十条　上级卫生行政部门应当按照规定追究下级卫生行政部门发生的行政行为过错责任。

发生行政行为过错的单位负责追究相关人员的责任。

第十一条　有下列情形之一的，追究承办人员责任：

（一）未正确履行法定职责的；

（二）在执法活动中直接作出的行政行为出现过错的；

（三）未能提供准确、真实信息，致使卫生行政部门做出错误决定的。

第十二条　有下列情形之一的，追究负责人的责任：

（一）未正确履行职责，发现问题后未能及时纠正的；

（二）改变或者不采纳正确意见造成行政行为过错的。

第十三条　在卫生监督执法过程中，因执法人员共同行为导致行政行为过错，执法人员应共同承担过错责任，对所做出的错误决定明确表示不同意的人员并有相应证明的，不承担责任。

第十四条　有下列情形之一的，可以从轻或免予追究过错责任：

（一）主动发现并及时纠正未造成不良后果的；

（二）过错行为情节轻微。

第十五条　对于发生监督执法过错的责任单位，卫生行政部门应当作出责令改正、通报批评的处理。

第十六条　对于发生行政行为过错的责任人员，其所在单位应当依照有关规定，作出通报批评、离岗培训、调离岗位等处理；情节严重,造成严重后果的,依法给予行政处分;涉嫌犯罪的,移送司法机关处理。

第十七条 被追究行政行为过错责任的人员不服追究过错责任决定的,可以依照有关规定提出申诉。接受申诉的卫生行政部门应当在三十日内作出答复,并不得因被追究人的申诉加重处理。

第四章 附 则

第十八条 对学校食物中毒事故、打击非法行医的行政执法过错行为,依据相关规定进行责任追究。

第十九条 本办法由卫生部负责解释。

第二十条 本办法自发布之日起施行。

旅游行政处罚办法

中华人民共和国国家旅游局令
第 38 号

《旅游行政处罚办法》已经 2013 年 2 月 27 日国家旅游局第 3 次局长办公会议审议通过,现予公布,自 2013 年 10 月 1 日起施行。

国家旅游局局长
2013 年 5 月 12 日

第一章 总 则

第一条 为规范旅游行政处罚行为,维护旅游市场秩序,保护旅游者、旅游经营者和旅游从业人员的合法权益,根据《中华人民共和国行政处罚法》、《中华人民共和国行政强制法》、《中华人民共和国旅游法》及有关法律、法规,制定本办法。

第二条 旅游行政处罚的实施和监督,应当遵守《中华人民共和国行政处罚法》、《中华人民共和国行政强制法》、《中华人民共和国旅游法》及有关法律、法规和本办法的规定。

第三条 实施旅游行政处罚,应当遵循合法合理、公正公开、处罚与教育相结合的原则。

第四条　旅游行政处罚的种类包括：

（一）警告；

（二）罚款；

（三）没收违法所得；

（四）暂停或者取消出国（境）旅游业务经营资格；

（五）责令停业整顿；

（六）暂扣或者吊销导游证、领队证；

（七）吊销旅行社业务经营许可证；

（八）法律、行政法规规定的其他种类。

第五条　县级以上人民政府组织旅游主管部门、有关主管部门和工商行政管理、产品质量监督、交通等执法部门对相关旅游经营行为实施监督检查。

县级以上旅游主管部门应当在同级人民政府的组织和领导下，加强与相关部门的执法协作和联合检查。

县级以上地方旅游主管部门应当逐步建立跨地区协同执法机制，加强执法协作，共享旅游违法行为查处信息，配合、协助其他地区旅游主管部门依法对本地区旅游经营者和从业人员实施的行政处罚。

第六条　对在行政处罚中获取的涉及相对人商业秘密或者个人隐私的内容，旅游主管部门及其执法人员应当予以保密。

第七条　除涉及国家秘密、商业秘密和个人隐私外，行政处罚结果应当向社会公开。

第二章　旅游行政处罚的实施主体与管辖

第八条　县级以上旅游主管部门应当在法定职权范围内实施行政处罚。

法律、法规授权从事旅游执法的机构，应当在法定授权范围内以自己的名义实施行政处罚，并对该行为的后果独立承担法律责任。

第九条　旅游主管部门可以在其法定职权范围内委托符合法定条件的旅游质监执法机构实施行政处罚，并对该行为的后果承担法律责任。受委托机构在委托范围内，以作出委托的旅游主管部门的名义实施行政处罚。

旅游主管部门委托实施行政处罚的，应当与受委托机构签订书面委托书，载明受委托机构名称、委托的依据、事项、权限和责任等内容，报上一级旅游主管部门备案，并将受委托机构名称、委托权限和事项向社会公示。

委托实施行政处罚，可以设定委托期限。

第十条　县级以上旅游主管部门应当加强行政执法队伍建设，强化对执法人员的教育和培训，全面提高执法人员素质。

国家旅游局执法人员应当取得本局颁发的行政执法证件；县级以上地方旅游主管部门的执法人员应当取得县级以上地方人民政府颁发的行政执法证件。

第十一条　旅游行政处罚由违法行为发生地的县级以上地方旅游主管部门管辖。

旅行社组织境内旅游，旅游主管部门在查处地接社的违法行为时，发现组团社有其他违法行为的，应当将有关材料或其副本送组团社所在地县级以上地方旅游主管部门。旅行社组织出境旅游违法行为的处罚，由组团社所在地县级以上地方旅游主管部门管辖。

第十二条　国家旅游局负责查处在全国范围内有重大影响的案件。

省、自治区、直辖市旅游主管部门负责查处本地区内重大、复杂的案件。

设区的市级和县级旅游主管部门的管辖权限，由省、自治区、直辖市旅游主管部门确定。

吊销旅行社业务经营许可证、导游证、领队证或者取消出国（境）旅游业务经营资格的行政处罚，由设区的市级以上旅游主管部门作出。

第十三条　旅游主管部门发现已立案的案件不属于自己管辖的，应当在10日内移送有管辖权的旅游主管部门或者其它部门处理。接受移送的旅游主管部门认为案件不属于本部门管辖的，应当报上级旅游主管部门指定管辖，不得再自行移送。

违法行为构成犯罪的，应当按照《行政执法机关移送涉嫌犯罪案件的规定》，将案件移送司法机关，不得以行政处罚代替刑事处罚。

第十四条　两个以上旅游主管部门都有管辖权的行政处罚案件，由最先立案的旅游主管部门管辖，或者由相关旅游主管部门协商；协商不成的，报共同的上级旅游主管部门指定管辖。

第十五条　上级旅游主管部门有权查处下级旅游主管部门管辖的案件，也可以把自己管辖的案件移交下级旅游主管部门查处。

下级旅游主管部门对其管辖的案件，认为需要由上级旅游主管部门查处的，可以报请上级旅游主管部门决定。

第三章　旅游行政处罚的适用

第十六条　国家旅游局逐步建立、完善旅游行政裁量权指导标准。各级旅游主管部门行使旅游行政处罚裁量权应当综合考虑下列情节：

（一）违法行为的具体方式、手段、程度或者次数；
（二）违法行为危害的对象或者所造成的危害后果；
（三）当事人改正违法行为的态度、措施和效果；
（四）当事人的主观过错程度。

旅游主管部门实施处罚时，对性质相同、情节相近、危害后果基本相当、违法主体类同的违法行为，处罚种类及处罚幅度应当基本一致。

第十七条 当事人的同一违法行为同时违反两个以上法律、法规或者规章规定的，效力高的优先适用。

法律、法规、规章规定两种以上处罚可以单处或者并处的，可以选择适用；规定应当并处的，不得选择适用。

对当事人的同一违法行为，不得给予两次以上罚款的行政处罚。

第十八条 违法行为轻微并及时纠正，且没有造成危害后果的，不予处罚。违法行为在2年内未被发现的，不再给予行政处罚，但法律另有规定的除外。

第十九条 有下列情形之一的，应当从轻或者减轻处罚：

（一）主动消除或者减轻违法行为危害后果的；

（二）受他人胁迫实施违法行为的；

（三）配合行政机关查处违法行为有立功表现的；

（四）其他依法应当从轻或者减轻处罚的情形。

第二十条 执法人员在现场检查中发现违法行为或者实施行政处罚时，应当责令当事人立即改正违法行为。不能立即改正的，应当责令限期改正，限期改正期限一般不得超过15日，改正期间当事人应当停止相关违法行为。

责令改正应当以书面形式作出，可以一并列入行政处罚决定书。单独出具责令改正通知书的，应当说明违法行为的事实，以及责令改正的依据、期限、要求。

第四章 旅游行政处罚的一般程序

第一节 立案和调查

第二十一条 旅游主管部门在监督检查、接到举报、处理投诉或者接受移送、交办的案件，发现当事人的行为涉嫌违反旅游法

律、法规、规章时,对符合下列条件的,应当在7个工作日内立案:

(一) 对该行为可能作出行政处罚的;

(二) 属于本部门管辖的;

(三) 违法行为未过追责时效的。

立案应当经案件承办机构或者旅游主管部门负责人批准。

案件情况复杂的,经承办机构负责人批准,立案时间可以延长至14个工作日内。

第二十二条 旅游主管部门对不符合立案条件的,不予立案;立案后发现不符合立案条件的,应当撤销立案。

对实名投诉、举报不予立案或者撤销立案的,应当告知投诉人、举报人,并说明理由。

第二十三条 在现场检查中发现旅游违法行为时,认为证据以后难以取得的,可以先行调查取证,并在10日内决定是否立案和补办立案手续。

第二十四条 对已经立案的案件,案件承办机构应当指定两名以上的执法人员承办,及时组织调查取证。

第二十五条 执法人员有下列情形之一的,应当自行回避,当事人及其代理人也有权申请其回避:

(一) 是本案当事人或者其近亲属的;

(二) 本人或者其近亲属与本案有直接利害关系的;

(三) 与当事人有其他关系,可能影响公正执法的。

第二十六条 需要委托其他旅游主管部门协助调查取证的,应当出具书面委托调查函。受委托的旅游主管部门应当予以协助;有正当理由确实无法协助的,应当及时函告。

第二十七条 执法人员在调查、检查时,有权采取下列措施:

(一) 进入有关场所进行检查、勘验、先行登记保存证据、录音、拍照、录像;

(二) 询问当事人及有关人员,要求其说明相关事项和提供有关材料；

（三）查阅、复制经营记录和其他有关材料。

第二十八条 执法人员在调查、检查时，应当遵守下列规定：

（一）不得少于两人；

（二）佩戴执法标志，并向当事人或者有关人员出示执法证件；

（三）全面、客观、及时、公正地调查违法事实、违法情节和危害后果等情况；

（四）询问当事人时，应当告知其依法享有的权利；

（五）依法收集与案件有关的证据，不得以诱导、欺骗等违法手段获取证据；

（六）如实记录当事人、证人或者其他有关人员的陈述；

（七）除必要情况外，应当避免延误团队旅游行程。

第二十九条 旅游行政处罚的证据包括当事人的陈述和辩解、证人证言、现场笔录、勘验笔录、询问笔录、听证笔录、鉴定意见、视听资料、电子数据和书证、物证等。

据以认定事实的证据，应当合法取得，并经查证属实。

旅游主管部门办理移送或者指定管辖的案件，应当对原案件办理部门依法取得的证据进行核实。

第三十条 执法人员现场检查、勘验时，应当通知当事人到场，可以采取拍照、录像或者其他方式记录现场情况，并制作笔录，载明时间、地点和事件等内容。无法找到当事人、当事人拒绝到场或者在笔录上签名、盖章的，应当注明原因。有其亲属、所在单位人员或者基层组织人员等其他人在现场的，可由其他人签名。

第三十一条 执法人员询问当事人和有关人员时，应当单独进行，并制作询问笔录，由执法人员、被询问人、陈述人、谈话人签名或者盖章。一份询问笔录只能对应一个被询问人、陈述人或者谈话人。

第三十二条 执法人员应当收集、调取与案件有关的书证、物证、视听资料和电子数据等原始凭证作为证据，调取原始证据确有困难的，可以提取相应的复印件、复制件、照片、节录本或者录像。

书证应当经核对与原件无误，注明出证日期和证据出处，由证据提供人和执法人员签名或者盖章；证据提供人拒绝签名或者盖章的，应当注明原因。

第三十三条 在证据可能灭失或者以后难以取得的情况下，经旅游主管部门负责人批准，执法人员可以采取先行登记保存措施，并移转保存。执法人员难以保存或者无须移转的，可以就地保存。

情况紧急的，执法人员可以先采取登记保存措施，再报请旅游主管部门负责人批准。

先行登记保存有关证据，应当当场出具先行登记保存证据决定书，载明先行登记保存证据的名称、单位、数量以及保存地点、时间、要求等内容，送达当事人。

第三十四条 对于先行登记保存的证据，应当在7日内采取下列措施：

（一）及时采取记录、复制、拍照、录像、公证等证据保全措施；

（二）需要鉴定的，送交鉴定。

旅游主管部门应当在期限届满前，解除先行登记保存措施。已移转保存的，应当返还当事人。

第三十五条 有下列情形之一的，可以终结调查：

（一）违法事实清楚、证据充分的；

（二）违法事实不成立的；

（三）作为当事人的自然人死亡的；

（四）作为当事人的法人或者其他组织终止，无法人或者其他组织承受其权利义务，又无其他关系人可以追查的；

（五）其他依法应当终结调查的情形。

调查终结后，对违法行为应当给予处罚的，执法人员应当提出行政处罚建议，并报案件承办机构或者旅游主管部门负责人批准；

不予处罚或者免予处罚的,报案件承办机构或者旅游主管部门负责人批准后,终止案件。

第二节　告知和听证

第三十六条　旅游主管部门在作出行政处罚决定前,应当以书面形式告知当事人作出行政处罚决定的事实、理由、依据和当事人依法享有的陈述、申辩权利。

旅游主管部门可以就违法行为的性质、情节、危害后果、主观过错等因素,以及选择的处罚种类、幅度等情况,向当事人作出说明。

第三十七条　旅游主管部门应当充分听取当事人的陈述和申辩并制作笔录,对当事人提出的事实、理由和证据,应当进行复核。当事人提出的事实、理由或者证据成立的,应当予以采纳;不能成立而不予采纳的,应当向当事人说明理由。

旅游主管部门不得因当事人申辩而加重处罚。

第三十八条　旅游主管部门作出较大数额罚款、没收较大数额违法所得、取消出国(境)旅游业务经营资格、责令停业整顿、吊销旅行社业务经营许可证、导游证或者领队证等行政处罚决定前,应当以书面形式告知当事人有申请听证的权利。

听证告知的内容应当包括,提出听证申请的期限,未如期提出申请的法律后果,以及受理听证申请的旅游主管部门名称、地址等内容。

第一款所称较大数额,对公民为1万元人民币以上、对法人或者其他组织为5万元人民币以上;地方人民代表人会及其常务委员会或者地方人民政府另有规定的,从其规定。

第三十九条　听证应当遵循公开、公正和效率的原则,保障当事人的合法权益。

除涉及国家秘密、商业秘密或者个人隐私的外,应当公开听证。

第四十条 当事人要求听证的,应当在收到行政处罚听证告知书后3日内,向听证部门提出申请。

旅游主管部门接到申请后,应当在30日内举行听证,并在听证7日前,将举行听证的时间、地点、主持人,以及当事人可以申请听证回避、公开、延期、委托代理人、提供证据等事项,书面通知当事人。

申请人不是本案当事人,当事人未在规定期限内提出申请,或者有其他不符合听证条件的情形,旅游主管部门可以不举行听证,但应当向申请人说明理由。

第四十一条 同一旅游行政处罚案件的两个以上当事人分别提出听证申请的,可以合并举行听证;部分当事人提出听证申请的,可以只对该部分当事人的有关情况进行听证。

第四十二条 当事人应当按期参加听证,未按期参加听证且未事先说明理由的,视为放弃听证权利。

当事人有正当理由要求延期的,经听证承办机构负责人批准可以延期一次,并通知听证参加人。延期不得超过15日。

第四十三条 听证应当由旅游主管部门负责法制工作的机构承办。听证由一名主持人和若干名听证员组织,也可以由主持人一人组织。听证主持人、听证员、书记员应当由旅游主管部门负责人指定的非本案调查人员担任。

涉及专业知识的听证案件,可以邀请有关专家担任听证员。

听证参加人由案件调查人员、当事人和与本案处理结果有直接利害关系的第三人及其委托代理人等组成。公开举行的听证,公民、法人或者其他组织可以申请参加旁听。

当事人认为听证主持人、听证员或者书记员与本案有直接利害关系的,有权向旅游主管部门提出回避申请。

第四十四条 当事人在听证中有下列权利:

(一)对案件事实、适用法律及有关情况进行陈述和申辩;

(二)对案件调查人员提出的证据进行质证并提出新的证据;

（三）核对听证笔录，依法查阅案卷相关证据材料。

当事人、案件调查人员、第三人、有关证人举证、质证应当客观、真实，如实陈述案件事实和回答主持人的提问，遵守听证纪律。

听证主持人有权对参加人不当的辩论内容予以制止，维护正常的听证程序。听证参加人和旁听人员违反听证纪律的，听证主持人可以予以警告，情节特别严重的，可以责令其退出会场。

第四十五条 组织听证应当按下列程序进行：

（一）听证主持人询问核实案件调查人员、听证当事人、第三人的身份，宣布听证的目的、会场纪律、注意事项、当事人的权利和义务，介绍听证主持人、听证员和书记员，询问当事人、第三人是否申请回避，宣布听证开始；

（二）调查人员就当事人的违法事实进行陈述，并向听证主持人提交有关证据、处罚依据；

（三）当事人就案件的事实进行陈述和辩解，提交有关证据；

（四）第三人陈述事实，并就其要求提出理由，提交证据；

（五）调查人员、当事人、第三人对相关证据进行质证，听证主持人对重要的事实及证据予以核实；

（六）调查人员、当事人、第三人就与本案相关的事实、处罚理由和依据进行辩论；

（七）调查人员、当事人、第三人作最后陈述；

（八）主持人宣布听证结束。

听证过程应当制作笔录，案件调查人员、当事人、第三人应当在听证结束后核对听证笔录，确认无误后签名或者盖章。

第四十六条 听证主持人认为听证过程中提出的新的事实、理由、依据有待进一步调查核实或者鉴定的，可以中止听证并通知听证参加人。经调查核实或者作出鉴定意见后，应当恢复听证。

第四十七条 有下列情形之一的，终止听证：

（一）申请人撤回听证申请的；

（二）申请人无正当理由不参加听证会、在听证中擅自退场，或者严重违反听证纪律被听证主持人责令退场的；

（三）应当终止听证的其他情形。

听证举行过程中终止听证的，应当记入听证笔录。

第四十八条 听证结束后，听证主持人应当向旅游主管部门提交听证报告，并对拟作出的行政处罚决定，依照下列情形提出意见：

（一）违法事实清楚、证据充分、适用法律、法规、规章正确，过罚相当的，建议作出处罚；

（二）违法事实清楚、证据充分，但适用法律、法规、规章错误或者处罚显失公正的，建议重新作出处罚；

（三）违法事实不清、证据不足，或者由于违反法定程序可能影响案件公正处理的，建议另行指定执法人员重新调查。

听证会结束后，行政处罚决定作出前，执法人员发现新的违法事实，对当事人可能加重处罚的，应当按照本办法第三十六条、第四十条的规定，重新履行处罚决定告知和听证告知程序。

第四十九条 旅游主管部门组织听证所需费用，列入本部门行政经费，不得向当事人收取任何费用。

第三节 审查和决定

第五十条 案件调查终结并依法告知、听证后，需要作出行政处罚的，执法人员应当填写行政处罚审批表，经案件承办机构负责人同意后，报旅游主管部门负责人批准。

旅游主管部门应当对调查结果进行审查，根据下列情况，分别作出处理：

（一）确有应受行政处罚的违法行为的，根据情节轻重及具体情况，作出行政处罚决定；

（二）违法行为轻微，依法可以不予行政处罚的，不予行政处罚；

（三）违法事实不能成立的，不得给予行政处罚；

（四）违法行为已构成犯罪的，移送司法机关。

对情节复杂的案件或者因重大违法行为给予公民3万元以上罚款、法人或者其他组织20万元以上罚款，取消出国（境）旅游业务经营资格、责令停业整顿、吊销旅行社业务经营许可证、导游证、领队证等行政处罚的，旅游主管部门负责人应当集体讨论决定。地方人民代表大会及其常务委员会或者地方人民政府对集体讨论的情形另有规定的，从其规定。

第五十一条　决定给予行政处罚的，应当制作行政处罚决定书。旅游行政处罚决定书应当载明下列内容：

（一）当事人的姓名或者名称、证照号码、地址、联系方式等基本情况；

（二）违反法律、法规或者规章的事实和证据；

（三）行政处罚的种类和依据；

（四）行政处罚的履行方式和期限；

（五）逾期不缴纳罚款的后果；

（六）不服行政处罚决定，申请行政复议或者提起行政诉讼的途径和期限；

（七）作出行政处罚决定的旅游主管部门名称和作出决定的日期，并加盖部门印章。

第五十二条　旅游行政处罚案件应当自立案之日起的3个月内作出决定；案情复杂或者重大的，经旅游主管部门负责人批准可以延长，但不得超过3个月。

案件办理过程中组织听证、鉴定证据、送达文书，以及请示法律适用或者解释的时间，不计入期限。

第五十三条　旅游行政处罚文书应当送达当事人，并符合下列要求：

（一）有送达回证并直接送交受送达人，由受送达人在送达回证上载明收到的日期，并签名或者盖章；

（二）受送达人是个人的，本人不在交他的同住成年家属签收，并在送达回证上载明与受送达人的关系；

（三）受送达人或者他的同住成年家属拒绝接收的，送达人可以邀请有关基层组织的代表或者有关人员到场，说明情况，在送达回证上载明拒收的事由和日期，由送达人、见证人签名或者盖章，把文书留置受送达人的住所或者收发部门，也可以把文书留在受送达人的住所，并采用拍照、录像等方式记录送达过程；

（四）受送达人是法人或者其他组织的，应当由法人的法定代表人、其他组织的主要负责人或者该法人、组织办公室、收发室等负责收件的人签收或者盖章，拒绝签收或者盖章的，适用第（三）项留置送达的规定；

（五）经受送达人同意，可以采用传真、电子邮件等能够确认其收悉的方式送达行政处罚决定书以外的文书；

（六）受送达人有代理人或者指定代收人的，可以送交代理人或者代收人签收并载明受当事人委托的情况；

（七）直接送达确有困难的，可以用挂号信邮寄送达，也可以委托当地旅游主管部门代为送达，代收机关收到文书后，应当立即送交受送达人签收。

受送达人下落不明，或者以前款规定的方式无法送达的，可以在受送达人原住所地张贴公告，或者通过报刊、旅游部门网站公告送达，执法人员应当在送达文书上注明原因和经过。自公告发布之日起经过60日，即视为送达。

第五十四条　旅游行政处罚决定书应当在宣告后当场交付当事人；当事人不在场的，旅游主管部门应当按照本办法第五十三条的规定，在7日内送达当事人，并根据需要抄送与案件有关的单位和个人。

第五十五条　在案件处理过程中，当事人委托代理人的，应当提交授权委托书，载明委托人及其代理人的基本信息、委托事项及权限、代理权的起止日期、委托日期和委托人签名或者盖章。

第五十六条　违法行为发生地的旅游主管部门对非本部门许可的旅游经营者作出行政处罚的，应当依法将被处罚人的违法事实、处理结果告知原许可的旅游主管部门。取消出国（境）旅游业务经营资格或者吊销旅行社业务经营许可证、导游证、领队证的，原许可的旅游主管部门应当注销或者换发许可证件。

第五章　旅游行政处罚的简易程序

第五十七条　违法事实清楚、证据确凿并有法定依据，对公民处以50元以下、对法人或者其他组织处以1000元以下罚款或者警告的旅游行政处罚，可以适用本章简易程序，当场作出行政处罚决定。

第五十八条　当场作出旅游行政处罚决定时，执法人员应当制作笔录，并遵守下列规定：

（一）不得少于两人，并向当事人出示行政执法证件；

（二）向当事人说明违法的事实、处罚的理由和依据以及拟给予的行政处罚；

（三）询问当事人对违法事实、处罚依据是否有异议，并告知当事人有陈述、申辩的权利，听取当事人的陈述和申辩；

（四）责令当事人改正违法行为，并填写预定格式、编有号码、盖有旅游主管部门印章的行政处罚决定书，由执法人员和当事人签名或者盖章，并将行政处罚决定书当场交付当事人；

（五）依法当场收缴罚款的，应当向当事人出具省、自治区、直辖市财政部门统一制发的罚款收据。

当场作出行政处罚决定的，执法人员应当在决定之日起3日内向旅游主管部门报告；当场收缴的罚款应当在规定时限内存入指定的银行。

第五十九条　当场处罚决定书应当载明第五十一条规定的内容和作出处罚的地点。

第六章　旅游行政处罚的执行

第六十条　当事人应当在行政处罚决定书确定的期限内，履行处罚决定；被处以罚款的，应当自收到行政处罚决定书之日起 15 日内，向指定的银行缴纳罚款。

申请行政复议或者提起行政诉讼的，不停止行政处罚决定的执行，但有下列情形的除外：

（一）处罚机关认为需要停止执行的；

（二）行政复议机关认为需要停止执行的；

（三）申请人申请停止执行，行政复议机关认为其要求合理决定停止执行，或者人民法院认为执行会造成难以弥补的损失，并且停止执行不损害社会性公共利益，裁定停止执行的；

（四）法律、法规规定的其他情形。

第六十一条　当事人逾期不履行处罚决定的，作出处罚决定的旅游主管部门可以采取下列措施：

（一）到期不缴纳罚款的，每日按罚款数额的百分之三加处罚款，但加处罚款的数额不得超出罚款额；

（二）向旅游主管部门所在地有管辖权的人民法院申请强制执行。

第六十二条　申请人民法院强制执行应当在下列期限内提出：

（一）行政处罚决定书送达后，当事人未申请行政复议或者提起行政诉讼的，在处罚决定书送达之日起 3 个月后起算的 3 个月内；

（二）复议决定书送达后当事人未提起行政诉讼的，在复议决定书送达之日起 15 日后起算的 3 个月内；

（三）人民法院对当事人提起行政诉讼作出的判决、裁定生效之日起 3 个月内。

第六十三条　旅游主管部门申请人民法院强制执行前，应当催告当事人履行义务。催告应当以书面形式作出，并载明下列事项：

（一）履行义务的期限；

（二）履行义务的方式；

（三）涉及金钱给付的，应当有明确的金额和给付方式；

（四）当事人依法享有的陈述权和申辩权。

旅游主管部门应当充分听取当事人的意见，对当事人提出的事实、理由和证据，应当进行记录、复核。当事人提出的事实、理由或者证据成立的，应当采纳。

催告书送达 10 日后当事人仍未履行义务的，可以申请强制执行。

第六十四条　旅游主管部门向人民法院申请强制执行，应当提供下列材料：

（一）强制执行申请书；

（二）处罚决定书及作出决定的事实、理由和依据；

（三）旅游主管部门的催告及当事人的陈述或申辩情况；

（四）申请强制执行标的情况；

（五）法律、行政法规规定的其他材料。

强制执行申请书应当由旅游主管部门负责人签名，加盖旅游主管部门的印章，并注明日期。

第六十五条　当事人确有经济困难，需要延期或者分期缴纳罚款的，应当在行政处罚决定书确定的缴纳期限届满前，向作出行政处罚决定的旅游主管部门提出延期或者分期缴纳的书面申请。

批准当事人延期或者分期缴纳罚款的，应当制作同意延期（分期）缴纳罚款通知书，送达当事人，并告知当事人缴纳罚款时，应当向收缴机构出示。

延期、分期缴纳罚款的，最长不得超过 6 个月，或者最后一期缴纳时间不得晚于申请人民法院强制执行的最后期限。

第六十六条　旅游主管部门和执法人员应当严格执行罚缴分离

的规定,不得非法自行收缴罚款。

罚没款及没收物品的变价款,应当全部上缴国库,任何单位和个人不得截留、私分或者变相私分。

第七章　旅游行政处罚的结案和归档

第六十七条　有下列情形之一的,应当结案:
(一)行政处罚决定由当事人履行完毕的;
(二)行政处罚决定依法强制执行完毕的;
(三)不予处罚或者免予处罚等无须执行的;
(四)行政处罚决定被依法撤销的;
(五)旅游主管部门认为可以结案的其他情形。

第六十八条　结案的旅游行政处罚案件,应当制作结案报告,报案件承办机构负责人批准。结案报告应当包括案由、案源、立案时间、当事人基本情况、主要案情、案件办理情况、复议和诉讼情况、执行情况、承办人结案意见等内容。

第六十九条　旅游行政处罚案件结案后15日内,案件承办人员应当将案件材料立卷,并符合下列要求:
(一)一案一卷;
(二)与案件相关的各类文书应当齐全,手续完备;
(三)书写文书用签字笔或者钢笔;
(四)案卷装订应当规范有序,符合文档要求。

第七十条　案卷材料可以分为正卷、副卷。主要文书、外部程序的材料立正卷;请示报告与批示、集体讨论材料、涉密文件等内部程序的材料立副卷。

第七十一条　立卷完成后应当立即将案卷统一归档。案卷保管及查阅,按档案管理有关规定执行,任何单位、个人不得非法修改、增加、抽取案卷材料。

第八章　旅游行政处罚的监督

第七十二条　各级旅游主管部门应当加强行政处罚监督工作。

各级旅游主管部门负责对本部门和受其委托的旅游质监执法机构实施的行政处罚行为，进行督促、检查和纠正；上级旅游主管部门负责对下级旅游主管部门及其委托的旅游质监执法机构实施的行政处罚行为，进行督促、检查和纠正。

各级旅游主管部门法制工作机构，应当在本级旅游主管部门的组织、领导下，具体实施、协调和指导行政处罚工作。

各级旅游主管部门应当设立法制工作机构或者配备行政执法监督检查人员。

第七十三条　旅游行政处罚监督的主要内容包括：

（一）旅游行政执法主体资格是否符合规定；

（二）执法人员及其执法证件是否合法、有效；

（三）行政检查和行政处罚行为是否符合权限；

（四）对违法行为查处是否及时；

（五）适用的行政处罚依据是否准确、规范；

（六）行政处罚的种类和幅度是否合法、适当；

（七）行政处罚程序是否合法；

（八）行政处罚文书使用是否规范；

（九）重大行政处罚备案情况。

第七十四条　对旅游行政处罚的监督，可以采取定期或者不定期方式，通过案卷评查和现场检查等形式进行；处理对行政处罚行为的投诉、举报时，可以进行调查、查询，调阅旅游行政处罚案卷和其他有关材料。

第七十五条　各级旅游主管部门及其委托的旅游质监执法机构不履行法定职责，或者实施的行政处罚行为违反法律、法规和本办法规定、处罚不当的，应当主动纠正。

上级旅游主管部门在行政处罚监督中，发现下级旅游主管部门有不履行法定职责、处罚不当或者实施的行政处罚行为违反法律、法规和本办法规定等情形的，应当责令其纠正。

第七十六条　重大旅游行政处罚案件实行备案制度。

县级以上地方旅游主管部门作出的行政处罚决定，符合本办法第三十八条第一款规定的听证条件的，应当自结案之日起15日内，将行政处罚决定书的副本，报上一级旅游主管部门备案。

第七十七条　旅游行政处罚实行工作报告制度。

县级以上地方旅游主管部门应当分别于当年7月和翌年1月，汇总本地区旅游行政处罚案件，并对旅游行政处罚工作的基本情况、存在的问题以及改进建议，提出工作报告，报上一级旅游主管部门。

省、自治区、直辖市旅游主管部门应当在当年8月31日和翌年2月28日前，将工作总结和案件汇总情况报国家旅游局。

第七十八条　承担行政复议职责的旅游主管部门应当认真履行行政复议职责，依照有关规定配备专职行政复议人员，依法对违法的行政处罚决定予以撤销、变更或者确认，保障法律、法规的正确实施和对行政处罚工作的监督。

第七十九条　各级旅游主管部门应当建立健全对案件承办机构和执法人员旅游行政处罚工作的投诉、举报制度，并公布投诉、举报电话。受理投诉、举报的机构应当按照信访、纪检等有关规定对投诉、举报内容核查处理或者责成有关机构核查处理，并将处理结果通知投诉、举报人。受理举报、投诉的部门应当为举报、投诉人保密。

第八十条　各级旅游主管部门可以采取组织考评、个人自我考评和互查互评相结合，案卷评查和听取行政相对人意见相结合，日常评议考核和年度评议考核相结合的方法，对本部门案件承办机构和执法人员的行政处罚工作进行评议考核。

第八十一条　对在行政处罚工作中做出显著成绩和贡献的单位

和个人，旅游主管部门可以依照国家或者地方的有关规定给予表彰和奖励。

旅游行政执法人员有下列行为之一的，由任免机关、监察机关依法给予行政处分；构成犯罪的，依法追究刑事责任：

（一）不依法履行行政执法职责的；

（二）滥用职权、徇私舞弊的；

（三）其他失职、渎职的行为。

第九章 附 则

第八十二条 本办法有关期间的规定，除第二十一条的规定外，均按自然日计算。期间开始之日，不计算在内。期间届满的最后一日是节假日的，以节假日后的第一日为期间届满的日期。行政处罚文书在期满前邮寄的，视为在有效期内。

第八十三条 本办法所称的"以上"包括本数或者本级，所称的"以下"不包括本数。

第八十四条 省、自治区、直辖市人民政府决定旅游行政处罚权由其他部门集中行使的，其旅游行政处罚的实施参照适用本办法。

第八十五条 本办法自 2013 年 10 月 1 日起施行。

环境行政处罚办法

中华人民共和国环境保护部令
第8号

《环境行政处罚办法》已由环境保护部2009年第三次部务会议于2009年12月30日修订通过。现将修订后的《环境行政处罚办法》公布,自2010年3月1日起施行。

1999年8月6日原国家环境保护总局发布的《环境保护行政处罚办法》同时废止。

环境保护部部长
二〇一〇年一月十九日

第一章 总 则

第一条 【立法目的】为规范环境行政处罚的实施,监督和保障环境保护主管部门依法行使职权,维护公共利益和社会秩序,保护公民、法人或者其他组织的合法权益,根据《中华人民共和国行政处罚法》及有关法律、法规,制定本办法。

第二条 【适用范围】公民、法人或者其他组织违反环境保护法律、法规或者规章规定,应当给予环境行政处罚的,应当依照

《中华人民共和国行政处罚法》和本办法规定的程序实施。

第三条　【罚教结合】实施环境行政处罚，坚持教育与处罚相结合，服务与管理相结合，引导和教育公民、法人或者其他组织自觉守法。

第四条　【维护合法权益】实施环境行政处罚，应当依法维护公民、法人及其他组织的合法权益，保守相对人的有关技术秘密和商业秘密。

第五条　【查处分离】实施环境行政处罚，实行调查取证与决定处罚分开、决定罚款与收缴罚款分离的规定。

第六条　【规范自由裁量权】行使行政处罚自由裁量权必须符合立法目的，并综合考虑以下情节：

（一）违法行为所造成的环境污染、生态破坏程度及社会影响；

（二）当事人的过错程度；

（三）违法行为的具体方式或者手段；

（四）违法行为危害的具体对象；

（五）当事人是初犯还是再犯；

（六）当事人改正违法行为的态度和所采取的改正措施及效果。

同类违法行为的情节相同或者相似、社会危害程度相当的，行政处罚种类和幅度应当相当。

第七条　【不予处罚情形】违法行为轻微并及时纠正，没有造成危害后果的，不予行政处罚。

第八条　【回避情形】有下列情形之一的，案件承办人员应当回避：

（一）是本案当事人或者当事人近亲属的；

（二）本人或者近亲属与本案有直接利害关系的；

（三）法律、法规或者规章规定的其他回避情形。

符合回避条件的，案件承办人员应当自行回避，当事人也有权申请其回避。

第九条　【法条适用规则】当事人的一个违法行为同时违反两

个以上环境法律、法规或者规章条款，应当适用效力等级较高的法律、法规或者规章；效力等级相同的，可以适用处罚较重的条款。

第十条 【处罚种类】根据法律、行政法规和部门规章，环境行政处罚的种类有：

（一）警告；

（二）罚款；

（三）责令停产整顿；

（四）责令停产、停业、关闭；

（五）暂扣、吊销许可证或者其他具有许可性质的证件；

（六）没收违法所得、没收非法财物；

（七）行政拘留；

（八）法律、行政法规设定的其他行政处罚种类。

第十一条 【责令改正与连续违法认定】环境保护主管部门实施行政处罚时，应当及时作出责令当事人改正或者限期改正违法行为的行政命令。

责令改正期限届满，当事人未按要求改正，违法行为仍处于继续或者连续状态的，可以认定为新的环境违法行为。

第十二条 【责令改正形式】根据环境保护法律、行政法规和部门规章，责令改正或者限期改正违法行为的行政命令的具体形式有：

（一）责令停止建设；

（二）责令停止试生产；

（三）责令停止生产或者使用；

（四）责令限期建设配套设施；

（五）责令重新安装使用；

（六）责令限期拆除；

（七）责令停止违法行为；

（八）责令限期治理；

（九）法律、法规或者规章设定的责令改正或者限期改正违法行为的行政命令的其他具体形式。

根据最高人民法院关于行政行为种类和规范行政案件案由的规定，行政命令不属行政处罚。行政命令不适用行政处罚程序的规定。

第十三条 【处罚不免除缴纳排污费义务】实施环境行政处罚，不免除当事人依法缴纳排污费的义务。

第二章 实施主体与管辖

第十四条 【处罚主体】县级以上环境保护主管部门在法定职权范围内实施环境行政处罚。

经法律、行政法规、地方性法规授权的环境监察机构在授权范围内实施环境行政处罚，适用本办法关于环境保护主管部门的规定。

第十五条 【委托处罚】环境保护主管部门可以在其法定职权范围内委托环境监察机构实施行政处罚。受委托的环境监察机构在委托范围内，以委托其处罚的环境保护主管部门名义实施行政处罚。

委托处罚的环境保护主管部门，负责监督受委托的环境监察机构实施行政处罚的行为，并对该行为的后果承担法律责任。

第十六条 【外部移送】发现不属于环境保护主管部门管辖的案件，应当按照有关要求和时限移送有管辖权的机关处理。

涉嫌违法依法应当由人民政府实施责令停产整顿、责令停业、关闭的案件，环境保护主管部门应当立案调查，并提出处理建议报本级人民政府。

涉嫌违法依法应当实施行政拘留的案件，移送公安机关。

涉嫌违反党纪、政纪的案件，移送纪检、监察部门。

涉嫌犯罪的案件，按照《行政执法机关移送涉嫌犯罪案件的规定》等有关规定移送司法机关，不得以行政处罚代替刑事处罚。

第十七条 【案件管辖】县级以上环境保护主管部门管辖本行政区域的环境行政处罚案件。

造成跨行政区域污染的行政处罚案件,由污染行为发生地环境保护主管部门管辖。

第十八条 【优先管辖】两个以上环境保护主管部门都有管辖权的环境行政处罚案件,由最先发现或者最先接到举报的环境保护主管部门管辖。

第十九条 【管辖争议解决】对行政处罚案件的管辖权发生争议时,争议双方应报请共同的上一级环境保护主管部门指定管辖。

第二十条 【指定管辖】下级环境保护主管部门认为其管辖的案件重大、疑难或者实施处罚有困难的,可以报请上一级环境保护主管部门指定管辖。

上一级环境保护主管部门认为下级环境保护主管部门实施处罚确有困难或者不能独立行使处罚权的,经通知下级环境保护主管部门和当事人,可以对下级环境保护主管部门管辖的案件指定管辖。

上级环境保护主管部门可以将其管辖的案件交由有管辖权的下级环境保护主管部门实施行政处罚。

第二十一条 【内部移送】不属于本机关管辖的案件,应当移送有管辖权的环境保护主管部门处理。

受移送的环境保护主管部门对管辖权有异议的,应当报请共同的上一级环境保护主管部门指定管辖,不得再自行移送。

第三章 一般程序

第一节 立 案

第二十二条 【立案条件】环境保护主管部门对涉嫌违反环境保护法律、法规和规章的违法行为,应当进行初步审查,并在7个工作日内决定是否立案。

经审查，符合下列四项条件的，予以立案：

（一）有涉嫌违反环境保护法律、法规和规章的行为；

（二）依法应当或者可以给予行政处罚；

（三）属于本机关管辖；

（四）违法行为发生之日起到被发现之日止未超过 2 年，法律另有规定的除外。违法行为处于连续或继续状态的，从行为终了之日起计算。

第二十三条 【撤销立案】对已经立案的案件，根据新情况发现不符合第二十二条立案条件的，应当撤销立案。

第二十四条 【紧急案件先行调查取证】对需要立即查处的环境违法行为，可以先行调查取证，并在 7 个工作日内决定是否立案和补办立案手续。

第二十五条 【立案审查后的案件移送】经立案审查，属于环境保护主管部门管辖，但不属于本机关管辖范围的，应当移送有管辖权的环境保护主管部门；属于其他有关部门管辖范围的，应当移送其他有关部门。

第二节 调查取证

第二十六条 【专人负责调查取证】环境保护主管部门对登记立案的环境违法行为，应当指定专人负责，及时组织调查取证。

第二十七条 【协助调查取证】需要委托其他环境保护主管部门协助调查取证的，应当出具书面委托调查函。

受委托的环境保护主管部门应当予以协助。无法协助的，应当及时将无法协助的情况和原因函告委托机关。

第二十八条 【调查取证出示证件】调查取证时，调查人员不得少于两人，并应当出示中国环境监察证或者其他行政执法证件。

第二十九条 【调查人员职权】调查人员有权采取下列措施：

（一）进入有关场所进行检查、勘察、取样、录音、拍照、录像；

（二）询问当事人及有关人员，要求其说明相关事项和提供有关材料；

（三）查阅、复制生产记录、排污记录和其他有关材料。

环境保护主管部门组织的环境监测等技术人员随同调查人员进行调查时，有权采取上述措施和进行监测、试验。

第三十条　【调查人员责任】调查人员负有下列责任：

（一）对当事人的基本情况、违法事实、危害后果、违法情节等情况进行全面、客观、及时、公正的调查；

（二）依法收集与案件有关的证据，不得以暴力、威胁、引诱、欺骗以及其他违法手段获取证据；

（三）询问当事人、证人或者其他有关人员，应当告知其依法享有的权利；

（四）对当事人、证人或者其他有关人员的陈述如实记录。

第三十一条　【当事人配合调查】当事人及有关人员应当配合调查、检查或者现场勘验，如实回答询问，不得拒绝、阻碍、隐瞒或者提供虚假情况。

第三十二条　【证据类别】环境行政处罚证据，主要有书证、物证、证人证言、视听资料和计算机数据、当事人陈述、监测报告和其他鉴定结论、现场检查（勘察）笔录等形式。

证据应当符合法律、法规、规章和最高人民法院有关行政执法和行政诉讼证据的规定，并经查证属实才能作为认定事实的依据。

第三十三条　【现场检查笔录】对有关物品或者场所进行检查时，应当制作现场检查（勘察）笔录，可以采取拍照、录像或者其他方式记录现场情况。

第三十四条　【现场检查取样】需要取样的，应当制作取样记录或者将取样过程记入现场检查（勘察）笔录，可以采取拍照、录像或者其他方式记录取样情况。

第三十五条　【监测报告要求】环境保护主管部门组织监测的，应当提出明确具体的监测任务，并要求提交监测报告。

监测报告必须载明下列事项：

（一）监测机构的全称；

（二）监测机构的国家计量认证标志（CMA）和监测字号；

（三）监测项目的名称、委托单位、监测时间、监测点位、监测方法、检测仪器、检测分析结果等内容；

（四）监测报告的编制、审核、签发等人员的签名和监测机构的盖章。

第三十六条　【在线监测数据可为证据】环境保护主管部门可以利用在线监控或者其他技术监控手段收集违法行为证据。经环境保护主管部门认定的有效性数据，可以作为认定违法事实的证据。

第三十七条　【现场监测数据可为证据】环境保护主管部门在对排污单位进行监督检查时，可以现场即时采样，监测结果可以作为判定污染物排放是否超标的证据。

第三十八条　【证据的登记保存】在证据可能灭失或者以后难以取得的情况下，经本机关负责人批准，调查人员可以采取先行登记保存措施。

情况紧急的，调查人员可以先采取登记保存措施，再报请机关负责人批准。

先行登记保存有关证据，应当当场清点，开具清单，由当事人和调查人员签名或者盖章。

先行登记保存期间，不得损毁、销毁或者转移证据。

第三十九条　【登记保存措施与解除】对于先行登记保存的证据，应当在7个工作日内采取以下措施：

（一）根据情况及时采取记录、复制、拍照、录像等证据保全措施；

（二）需要鉴定的，送交鉴定；

（三）根据有关法律、法规规定可以查封、暂扣的，决定查封、暂扣；

（四）违法事实不成立，或者违法事实成立但依法不应当查封、暂扣或者没收的，决定解除先行登记保存措施。

超过7个工作日未作出处理决定的，先行登记保存措施自动解除。

第四十条　【依法实施查封暂扣】实施查封、暂扣等行政强制措施，应当有法律、法规的明确规定，并应当告知当事人有申请行政复议和提起行政诉讼的权利。

第四十一条　【查封暂扣实施要求】查封、暂扣当事人的财物，应当当场清点，开具清单，由调查人员和当事人签名或者盖章。

查封、暂扣的财物应当妥善保管，严禁动用、调换、损毁或者变卖。

第四十二条　【查封暂扣解除】经查明与违法行为无关或者不再需要采取查封、暂扣措施的，应当解除查封、暂扣措施，将查封、暂扣的财物如数返还当事人，并由调查人员和当事人在财物清单上签名或者盖章。

第四十三条　【当事人与现场调查取证】环境保护主管部门调查取证时，当事人应当到场。

下列情形不影响调查取证的进行：

（一）当事人拒不到场的；

（二）无法找到当事人的；

（三）当事人拒绝签名、盖章或者以其他方式确认的；

（四）暗查或者其他方式调查的；

（五）当事人未到场的其他情形。

第四十四条　【调查终结】有下列情形之一的，可以终结调查：

（一）违法事实清楚、法律手续完备、证据充分的；

（二）违法事实不成立的；

（三）作为当事人的自然人死亡的；

（四）作为当事人的法人或者其他组织终止，无法人或者其他组织承受其权利义务，又无其他关系人可以追查的；

（五）发现不属于本机关管辖的；

（六）其他依法应当终结调查的情形。

第四十五条 【案件移送审查】终结调查的，案件调查机构应当提出已查明违法行为的事实和证据、初步处理意见，按照查处分离的原则送本机关处罚案件审查部门审查。

第三节 案件审查

第四十六条 【案件审查的内容】案件审查的主要内容包括：

（一）本机关是否有管辖权；

（二）违法事实是否清楚；

（三）证据是否确凿；

（四）调查取证是否符合法定程序；

（五）是否超过行政处罚追诉时效；

（六）适用依据和初步处理意见是否合法、适当。

第四十七条 【补充或重新调查取证】违法事实不清、证据不充分或者调查程序违法的，应当退回补充调查取证或者重新调查取证。

第四节 告知和听证

第四十八条 【处罚告知和听证】在作出行政处罚决定前，应当告知当事人有关事实、理由、依据和当事人依法享有的陈述、申辩权利。

在作出暂扣或吊销许可证、较大数额的罚款和没收等重大行政处罚决定之前，应当告知当事人有要求举行听证的权利。

第四十九条 【当事人申辩的处理】环境保护主管部门应当对当事人提出的事实、理由和证据进行复核。当事人提出的事实、理由或者证据成立的，应当予以采纳。

不得因当事人的申辩而加重处罚。

第五十条 【处罚听证的执行】行政处罚听证按有关规定执行。

第五节 处理决定

第五十一条 【处罚决定】本机关负责人经过审查，分别作出如下处理：

（一）违法事实成立，依法应当给予行政处罚的，根据其情节轻重及具体情况，作出行政处罚决定；

（二）违法行为轻微，依法可以不予行政处罚的，不予行政处罚；

（三）符合本办法第十六条情形之一的，移送有权机关处理。

第五十二条 【重大案件集体审议】案情复杂或者对重大违法行为给予较重的行政处罚，环境保护主管部门负责人应当集体审议决定。

集体审议过程应当予以记录。

第五十三条 【处罚决定书的制作】决定给予行政处罚的，应当制作行政处罚决定书。

对同一当事人的两个或者两个以上环境违法行为，可以分别制作行政处罚决定书，也可以列入同一行政处罚决定书。

第五十四条 【处罚决定书的内容】行政处罚决定书应当载明以下内容：

（一）当事人的基本情况，包括当事人姓名或者名称、组织机构代码、营业执照号码、地址等；

（二）违反法律、法规或者规章的事实和证据；

（三）行政处罚的种类、依据和理由；

（四）行政处罚的履行方式和期限；

（五）不服行政处罚决定，申请行政复议或者提起行政诉讼的途径和期限；

（六）作出行政处罚决定的环境保护主管部门名称和作出决定的日期，并且加盖作出行政处罚决定环境保护主管部门的印章。

第五十五条 【作出处罚决定的时限】环境保护行政处罚案件应当自立案之日起的 3 个月内作出处理决定。案件办理过程中听证、公告、监测、鉴定、送达等时间不计入期限。

第五十六条 【处罚决定的送达】行政处罚决定书应当送达当事人，并根据需要抄送与案件有关的单位和个人。

第五十七条 【送达方式】送达行政处罚文书可以采取直接送达、留置送达、委托送达、邮寄送达、转交送达、公告送达、公证送达或者其他方式。

送达行政处罚文书应当使用送达回证并存档。

第四章 简易程序

第五十八条 【简易程序的适用】违法事实确凿、情节轻微并有法定依据，对公民处以 50 元以下、对法人或者其他组织处以 1000 元以下罚款或者警告的行政处罚，可以适用本章简易程序，当场作出行政处罚决定。

第五十九条 【简易程序规定】当场作出行政处罚决定时，环境执法人员不得少于两人，并应遵守下列简易程序：

（一）执法人员应向当事人出示中国环境监察证或者其他行政执法证件；

（二）现场查清当事人的违法事实，并依法取证；

（三）向当事人说明违法的事实、行政处罚的理由和依据、拟给予的行政处罚，告知陈述、申辩权利；

（四）听取当事人的陈述和申辩；

（五）填写预定格式、编有号码、盖有环境保护主管部门印章的行政处罚决定书，由执法人员签名或者盖章，并将行政处罚决定书当场交付当事人；

（六）告知当事人如对当场作出的行政处罚决定不服，可以依法申请行政复议或者提起行政诉讼。

以上过程应当制作笔录。

执法人员当场作出的行政处罚决定，应当在决定之日起3个工作日内报所属环境保护主管部门备案。

第五章 执 行

第六十条 【处罚决定的履行】当事人应当在行政处罚决定书确定的期限内，履行处罚决定。

申请行政复议或者提起行政诉讼的，不停止行政处罚决定的执行。

第六十一条 【强制执行的适用】当事人逾期不申请行政复议、不提起行政诉讼、又不履行处罚决定的，由作出处罚决定的环境保护主管部门申请人民法院强制执行。

第六十二条 【强制执行的期限】申请人民法院强制执行应当符合《最高人民法院关于执行〈中华人民共和国行政诉讼法〉若干问题的解释》的规定，并在下列期限内提起：

（一）行政处罚决定书送达后当事人未申请行政复议且未提起行政诉讼的，在处罚决定书送达之日起60日后起算的180日内；

（二）复议决定书送达后当事人未提起行政诉讼的，在复议决定书送达之日起15日后起算的180日内；

（三）第一审行政判决后当事人未提出上诉的，在判决书送达之日起15日后起算的180日内；

（四）第一审行政裁定后当事人未提出上诉的，在裁定书送达之日起10日后起算的180日内；

（五）第二审行政判决书送达之日起180日内。

第六十三条 【被处罚企业资产重组后的执行】当事人实施违法行为，受到处以罚款、没收违法所得或者没收非法财物等处罚后，发生企业分立、合并或者其他资产重组等情形，由承受当事人权利义务的法人、其他组织作为被执行人。

第六十四条 【延期或者分期缴纳罚款】确有经济困难，需要延期或者分期缴纳罚款的，当事人应当在行政处罚决定书确定的缴纳期限届满前，向作出行政处罚决定的环境保护主管部门提出延期或者分期缴纳的书面申请。

批准当事人延期或者分期缴纳罚款的，应当制作同意延期（分期）缴纳罚款通知书，并送达当事人和收缴罚款的机构。延期或者分期缴纳的最后一期缴纳时间不得晚于申请人民法院强制执行的最后期限。

第六十五条 【没收物品的处理】依法没收的非法财物，应当按照国家规定处理。

销毁物品，应当按照国家有关规定处理；没有规定的，经环境保护主管部门负责人批准，由两名以上环境执法人员监督销毁，并制作销毁记录。

处理物品应当制作清单。

第六十六条 【罚没款上缴国库】罚没款及没收物品的变价款，应当全部上缴国库，任何单位和个人不得截留、私分或者变相私分。

第六章 结案和归档

第六十七条 【结案】有下列情形之一的，应当结案：

（一）行政处罚决定由当事人履行完毕的；
（二）行政处罚决定依法强制执行完毕的；
（三）不予行政处罚等无须执行的；
（四）行政处罚决定被依法撤销的；
（五）环境保护主管部门认为可以结案的其他情形。

第六十八条 【立卷归档】结案的行政处罚案件，应当按照下列要求将案件材料立卷归档：

（一）一案一卷，案卷可以分正卷、副卷；

（二）各类文书齐全，手续完备；

（三）书写文书用签字笔、钢笔或者打印；

（四）案卷装订应当规范有序，符合文档要求。

第六十九条 【归档顺序】正卷按下列顺序装订：

（一）行政处罚决定书及送达回证；

（二）立案审批材料；

（三）调查取证及证据材料；

（四）行政处罚事先告知书、听证告知书、听证通知书等法律文书及送达回证；

（五）听证笔录；

（六）财物处理材料；

（七）执行材料；

（八）结案材料；

（九）其他有关材料。

副卷按下列顺序装订：

（一）投诉、申诉、举报等案源材料；

（二）涉及当事人有关技术秘密和商业秘密的材料；

（三）听证报告；

（四）审查意见；

（五）集体审议记录；

（六）其他有关材料。

第七十条 【案卷管理】案卷归档后，任何单位、个人不得修改、增加、抽取案卷材料。案卷保管及查阅，按档案管理有关规定执行。

第七十一条 【案件统计】环境保护主管部门应当建立行政处罚案件统计制度，并按照环境保护部有关环境统计的规定向上级环境保护主管部门报送本行政区的行政处罚情况。

第七章 监 督

第七十二条 【信息公开】除涉及国家机密、技术秘密、商业秘密和个人隐私外，行政处罚决定应当向社会公开。

第七十三条 【监督检查】上级环境保护主管部门负责对下级环境保护主管部门的行政处罚工作情况进行监督检查。

第七十四条 【处罚备案】环境保护主管部门应当建立行政处罚备案制度。

下级环境保护主管部门对上级环境保护主管部门督办的处罚案件，应当在结案后20日内向上一级环境保护主管部门备案。

第七十五条 【纠正、撤销或变更】环境保护主管部门通过接受当事人的申诉和检举，或者通过备案审查等途径，发现下级环境保护主管部门的行政处罚决定违法或者显失公正的，应当督促其纠正。

环境保护主管部门经过行政复议，发现下级环境保护主管部门作出的行政处罚违法或者显失公正的，依法撤销或者变更。

第七十六条 【评议和表彰】环境保护主管部门可以通过案件评查或者其他方式评议行政处罚工作。对在行政处罚工作中做出显著成绩的单位和个人，可依照国家或者地方的有关规定给予表彰和奖励。

第八章 附 则

第七十七条 【违法所得的认定】当事人违法所获得的全部收入扣除当事人直接用于经营活动的合理支出，为违法所得。

法律、法规或者规章对"违法所得"的认定另有规定的，从其规定。

第七十八条 【较大数额罚款的界定】本办法第四十八条所称

"较大数额"罚款和没收，对公民是指人民币（或者等值物品价值）5000元以上、对法人或者其他组织是指人民币（或者等值物品价值）50000元以上。

地方性法规、地方政府规章对"较大数额"罚款和没收的限额另有规定的，从其规定。

第七十九条　【期间规定】本办法有关期间的规定，除注明工作日（不包含节假日）外，其他期间按自然日计算。

期间开始之日，不计算在内。期间届满的最后一日是节假日的，以节假日后的第一日为期间届满的日期。期间不包括在途时间，行政处罚文书在期满前交邮的，视为在有效期内。

第八十条　【相关法规适用】本办法未作规定的其他事项，适用《行政处罚法》、《罚款决定与罚款收缴分离实施办法》、《环境保护违法违纪行为处分暂行规定》等有关法律、法规和规章的规定。

第八十一条　【核安全处罚适用例外】核安全监督管理的行政处罚，按照国家有关核安全监督管理的规定执行。

第八十二条　【生效日期】本办法自2010年3月1日起施行。1999年8月6日原国家环境保护总局发布的《环境保护行政处罚办法》同时废止。

附 录

党政领导干部生态环境损害
责任追究办法（试行）

（2015年8月17日中共中央办公厅、国务院办公厅印发）

第一条 为贯彻落实党的十八大和十八届三中、四中全会精神，加快推进生态文明建设，健全生态文明制度体系，强化党政领导干部生态环境和资源保护职责，根据有关党内法规和国家法律法规，制定本办法。

第二条 本办法适用于县级以上地方各级党委和政府及其有关工作部门的领导成员，中央和国家机关有关工作部门领导成员；上列工作部门的有关机构领导人员。

第三条 地方各级党委和政府对本地区生态环境和资源保护负总责，党委和政府主要领导成员承担主要责任，其他有关领导成员在职责范围内承担相应责任。

中央和国家机关有关工作部门、地方各级党委和政府的有关工作部门及其有关机构领导人员按照职责分别承担相应责任。

第四条 党政领导干部生态环境损害责任追究，坚持依法依规、客观公正、科学认定、权责一致、终身追究的原则。

第五条 有下列情形之一的，应当追究相关地方党委和政府主要领导成员的责任：

（一）贯彻落实中央关于生态文明建设的决策部署不力，致使本地区生态环境和资源问题突出或者任期内生态环境状况明显恶化的；

（二）作出的决策与生态环境和资源方面政策、法律法规相违背的；

（三）违反主体功能区定位或者突破资源环境生态红线、城镇开发边界，不顾资源环境承载能力盲目决策造成严重后果的；

（四）作出的决策严重违反城乡、土地利用、生态环境保护等规划的；

（五）地区和部门之间在生态环境和资源保护协作方面推诿扯皮，主要领导成员不担当、不作为，造成严重后果的；

（六）本地区发生主要领导成员职责范围内的严重环境污染和生态破坏事件，或者对严重环境污染和生态破坏（灾害）事件处置不力的；

（七）对公益诉讼裁决和资源环境保护督察整改要求执行不力的；

（八）其他应当追究责任的情形。

有上述情形的，在追究相关地方党委和政府主要领导成员责任的同时，对其他有关领导成员及相关部门领导成员依据职责分工和履职情况追究相应责任。

第六条 有下列情形之一的，应当追究相关地方党委和政府有关领导成员的责任：

（一）指使、授意或者放任分管部门对不符合主体功能区定位或者生态环境和资源方面政策、法律法规的建设项目审批（核准）、建设或者投产（使用）的；

（二）对分管部门违反生态环境和资源方面政策、法律法规行为监管失察、制止不力甚至包庇纵容的；

（三）未正确履行职责，导致应当依法由政府责令停业、关闭的严重污染环境的企业事业单位或者其他生产经营者未停业、关闭的；

（四）对严重环境污染和生态破坏事件组织查处不力的；

（五）其他应当追究责任的情形。

第七条 有下列情形之一的,应当追究政府有关工作部门领导成员的责任:

(一)制定的规定或者采取的措施与生态环境和资源方面政策、法律法规相违背的;

(二)批准开发利用规划或者进行项目审批(核准)违反生态环境和资源方面政策、法律法规的;

(三)执行生态环境和资源方面政策、法律法规不力,不按规定对执行情况进行监督检查,或者在监督检查中敷衍塞责的;

(四)对发现或者群众举报的严重破坏生态环境和资源的问题,不按规定查处的;

(五)不按规定报告、通报或者公开环境污染和生态破坏(灾害)事件信息的;

(六)对应当移送有关机关处理的生态环境和资源方面的违纪违法案件线索不按规定移送的;

(七)其他应当追究责任的情形。

有上述情形的,在追究政府有关工作部门领导成员责任的同时,对负有责任的有关机构领导人员追究相应责任。

第八条 党政领导干部利用职务影响,有下列情形之一的,应当追究其责任:

(一)限制、干扰、阻碍生态环境和资源监管执法工作的;

(二)干预司法活动,插手生态环境和资源方面具体司法案件处理的;

(三)干预、插手建设项目,致使不符合生态环境和资源方面政策、法律法规的建设项目得以审批(核准)、建设或者投产(使用)的;

(四)指使篡改、伪造生态环境和资源方面调查和监测数据的;

(五)其他应当追究责任的情形。

第九条 党委及其组织部门在地方党政领导班子成员选拔任用工作中,应当按规定将资源消耗、环境保护、生态效益等情况作为考核评价的重要内容，对在生态环境和资源方面造成严重破坏负有责任的干部不得提拔使用或者转任重要职务。

第十条 党政领导干部生态环境损害责任追究形式有：诫勉、责令公开道歉；组织处理，包括调离岗位、引咎辞职、责令辞职、免职、降职等；党纪政纪处分。

组织处理和党纪政纪处分可以单独使用，也可以同时使用。

追责对象涉嫌犯罪的，应当及时移送司法机关依法处理。

第十一条 各级政府负有生态环境和资源保护监管职责的工作部门发现有本办法规定的追责情形的，必须按照职责依法对生态环境和资源损害问题进行调查，在根据调查结果依法作出行政处罚决定或者其他处理决定的同时，对相关党政领导干部应负责任和处理提出建议，按照干部管理权限将有关材料及时移送纪检监察机关或者组织（人事）部门。需要追究党纪政纪责任的，由纪检监察机关按照有关规定办理；需要给予诫勉、责令公开道歉和组织处理的，由组织（人事）部门按照有关规定办理。

负有生态环境和资源保护监管职责的工作部门、纪检监察机关、组织（人事）部门应当建立健全生态环境和资源损害责任追究的沟通协作机制。

司法机关在生态环境和资源损害等案件处理过程中发现有本办法规定的追责情形的，应当向有关纪检监察机关或者组织（人事）部门提出处理建议。

负责作出责任追究决定的机关和部门，一般应当将责任追究决定向社会公开。

第十二条 实行生态环境损害责任终身追究制。对违背科学发展要求、造成生态环境和资源严重破坏的，责任人不论是否已调离、提拔或者退休，都必须严格追责。

第十三条 政府负有生态环境和资源保护监管职责的工作部门、纪检监察机关、组织（人事）部门对发现本办法规定的追责情形应当调查而未调查，应当移送而未移送，应当追责而未追责的，追究有关责任人员的责任。

第十四条 受到责任追究的人员对责任追究决定不服的,可以向作出责任追究决定的机关和部门提出书面申诉。作出责任追究决定的机关和部门应当依据有关规定受理并作出处理。

申诉期间,不停止责任追究决定的执行。

第十五条 受到责任追究的党政领导干部,取消当年年度考核评优和评选各类先进的资格。

受到调离岗位处理的,至少一年内不得提拔;单独受到引咎辞职、责令辞职和免职处理的,至少一年内不得安排职务,至少两年内不得担任高于原任职务层次的职务;受到降职处理的,至少两年内不得提升职务。同时受到党纪政纪处分和组织处理的,按照影响期长的规定执行。

第十六条 乡(镇、街道)党政领导成员的生态环境损害责任追究,参照本办法有关规定执行。

第十七条 各省、自治区、直辖市党委和政府可以依据本办法制定实施细则。国务院负有生态环境和资源保护监管职责的部门应当制定落实本办法的具体制度和措施。

第十八条 本办法由中央组织部、监察部负责解释。

第十九条 本办法自2015年8月9日起施行。

环境保护主管部门实施查封、扣押办法

中华人民共和国环境保护部令

第 29 号

《环境保护主管部门实施查封、扣押办法》已于 2014 年 12 月 15 日由环境保护部部务会议审议通过,现予公布,自 2015 年 1 月 1 日起施行。

环境保护部部长
2014 年 12 月 19 日

第一章 总 则

第一条 为规范实施查封、扣押,依据《中华人民共和国环境保护法》、《中华人民共和国行政强制法》等法律,制定本办法。

第二条 对企业事业单位和其他生产经营者(以下称排污者)违反法律法规规定排放污染物,造成或者可能造成严重污染,县级以上环境保护主管部门对造成污染物排放的设施、设备实施查封、扣押的,适用本办法。

第三条 环境保护主管部门实施查封、扣押所需经费,应当列入本机关的行政经费预算,由同级财政予以保障。

第二章 适用范围

第四条 排污者有下列情形之一的,环境保护主管部门依法实施查封、扣押:

(一)违法排放、倾倒或者处置含传染病病原体的废物、危险废物、含重金属污染物或者持久性有机污染物等有毒物质或者其他有害物质的;

（二）在饮用水水源一级保护区、自然保护区核心区违反法律法规规定排放、倾倒、处置污染物的；

（三）违反法律法规规定排放、倾倒化工、制药、石化、印染、电镀、造纸、制革等工业污泥的；

（四）通过暗管、渗井、渗坑、灌注或者篡改、伪造监测数据，或者不正常运行防治污染设施等逃避监管的方式违反法律法规规定排放污染物的；

（五）较大、重大和特别重大突发环境事件发生后，未按照要求执行停产、停排措施，继续违反法律法规规定排放污染物的；

（六）法律、法规规定的其他造成或者可能造成严重污染的违法排污行为。

有前款第一项、第二项、第三项、第六项情形之一的，环境保护主管部门可以实施查封、扣押；已造成严重污染或者有前款第四项、第五项情形之一的，环境保护主管部门应当实施查封、扣押。

第五条 环境保护主管部门查封、扣押排污者造成污染物排放的设施、设备，应当符合有关法律的规定。不得重复查封、扣押排污者已被依法查封的设施、设备。

对不易移动的或者有特殊存放要求的设施、设备，应当就地查封。查封时，可以在该设施、设备的控制装置等关键部件或者造成污染物排放所需供水、供电、供气等开关阀门张贴封条。

第六条 具备下列情形之一的排污者，造成或者可能造成严重污染的，环境保护主管部门应当按照有关环境保护法律法规予以处罚，可以不予实施查封、扣押：

（一）城镇污水处理、垃圾处理、危险废物处置等公共设施的运营单位；

（二）生产经营业务涉及基本民生、公共利益的；

（三）实施查封、扣押可能影响生产安全的。

第七条 环境保护主管部门实施查封、扣押的，应当依法向社会公开查封、扣押决定，查封、扣押延期情况和解除查封、扣押决定等相关信息。

第三章　实施程序

第八条　实施查封、扣押的程序包括调查取证、审批、决定、执行、送达、解除。

第九条　环境保护主管部门实施查封、扣押前，应当做好调查取证工作。

查封、扣押的证据包括现场检查笔录、调查询问笔录、环境监测报告、视听资料、证人证言和其他证明材料。

第十条　需要实施查封、扣押的，应当书面报经环境保护主管部门负责人批准；案情重大或者社会影响较大的，应当经环境保护主管部门案件审查委员会集体审议决定。

第十一条　环境保护主管部门决定实施查封、扣押的，应当制作查封、扣押决定书和清单。

查封、扣押决定书应当载明下列事项：

（一）排污者的基本情况，包括名称或者姓名、营业执照号码或者居民身份证号码、组织机构代码、地址以及法定代表人或者主要负责人姓名等；

（二）查封、扣押的依据和期限；

（三）查封、扣押设施、设备的名称、数量和存放地点等；

（四）排污者应当履行的相关义务及申请行政复议或者提起行政诉讼的途径和期限；

（五）环境保护主管部门的名称、印章和决定日期。

第十二条　实施查封、扣押应当符合下列要求：

（一）由两名以上具有行政执法资格的环境行政执法人员实施，并出示执法身份证件；

（二）通知排污者的负责人或者受委托人到场，当场告知实施查封、扣押的依据以及依法享有的权利、救济途径，并听取其陈述

和申辩;

(三) 制作现场笔录,必要时可以进行现场拍摄。现场笔录的内容应当包括查封、扣押实施的起止时间和地点等;

(四) 当场清点并制作查封、扣押设施、设备清单,由排污者和环境保护主管部门分别收执。委托第三人保管的,应同时交第三人收执。执法人员可以对上述过程进行现场拍摄;

(五) 现场笔录和查封、扣押设施、设备清单由排污者和执法人员签名或者盖章;

(六) 张贴封条或者采取其他方式,明示环境保护主管部门已实施查封、扣押。

第十三条 情况紧急,需要当场实施查封、扣押的,应当在实施后二十四小时内补办批准手续。环境保护主管部门负责人认为不需要实施查封、扣押的,应当立即解除。

第十四条 查封、扣押决定书应当当场交付排污者负责人或者受委托人签收。排污者负责人或者受委托人应当签名或者盖章,注明日期。

实施查封、扣押过程中,排污者负责人或者受委托人拒不到场或者拒绝签名、盖章的,环境行政执法人员应当予以注明,并可以邀请见证人到场,由见证人和环境行政执法人员签名或者盖章。

第十五条 查封、扣押的期限不得超过三十日;情况复杂的,经本级环境保护主管部门负责人批准可以延长,但延长期限不得超过三十日。法律、法规另有规定的除外。

延长查封、扣押的决定应当及时书面告知排污者,并说明理由。

第十六条 对就地查封的设施、设备,排污者应当妥善保管,不得擅自损毁封条、变更查封状态或者启用已查封的设施、设备。

对扣押的设施、设备,环境保护主管部门应当妥善保管,也可以委托第三人保管。扣押期间设施、设备的保管费用由环境保护主管部门承担。

第十七条 查封的设施、设备造成损失的,由排污者承担。扣押的设施、设备造成损失的,由环境保护主管部门承担;因受委托第三人原因造成损失的,委托的环境保护主管部门先行赔付后,可以向受委托第三人追偿。

第十八条 排污者在查封、扣押期限届满前,可以向决定实施查封、扣押的环境保护主管部门提出解除申请,并附具相关证明材料。

第十九条 环境保护主管部门应当自收到解除查封、扣押申请之日起五个工作日内,组织核查,并根据核查结果分别作出如下决定:

(一) 确已改正违反法律法规规定排放污染物行为的,解除查封、扣押;

(二) 未改正违反法律法规规定排放污染物行为的,维持查封、扣押。

第二十条 环境保护主管部门实施查封、扣押后,应当及时查清事实,有下列情形之一的,应当立即作出解除查封、扣押决定:

(一) 对违反法律法规规定排放污染物行为已经作出行政处罚或者处理决定,不再需要实施查封、扣押的;

(二) 查封、扣押期限已经届满的;

(三) 其他不再需要实施查封、扣押的情形。

第二十一条 查封、扣押措施被解除的,环境保护主管部门应当立即通知排污者,并自解除查封、扣押决定作出之日起三个工作日内送达解除决定。

扣押措施被解除的,还应当通知排污者领回扣押物;无法通知的,应当进行公告,排污者应当自招领公告发布之日起六十日内领回;逾期未领回的,所造成的损失由排污者自行承担。

扣押物无法返还的,环境保护主管部门可以委托拍卖机构依法拍卖或者变卖,所得款项上缴国库。

第二十二条 排污者涉嫌环境污染犯罪已由公安机关立案侦查

的，环境保护主管部门应当依法移送查封、扣押的设施、设备及有关法律文书、清单。

第二十三条 环境保护主管部门对查封后的设施、设备应当定期检视其封存情况。

排污者阻碍执法、擅自损毁封条、变更查封状态或者隐藏、转移、变卖、启用已查封的设施、设备的，环境保护主管部门应当依据《中华人民共和国治安管理处罚法》等法律法规及时提请公安机关依法处理。

第四章 附 则

第二十四条 本办法由国务院环境保护主管部门负责解释。

第二十五条 本办法自 2015 年 1 月 1 日起施行。

环境保护主管部门实施按日连续处罚办法

中华人民共和国环境保护部令
第 28 号

《环境保护主管部门实施按日连续处罚办法》已于 2014 年 12 月 15 日由环境保护部部务会议审议通过,现予公布,自 2015 年 1 月 1 日起施行。

环境保护部部长
2014 年 12 月 19 日

第一章 总 则

第一条 为规范实施按日连续处罚,依据《中华人民共和国环境保护法》、《中华人民共和国行政处罚法》等法律,制定本办法。

第二条 县级以上环境保护主管部门对企业事业单位和其他生产经营者(以下称排污者)实施按日连续处罚的,适用本办法。

第三条 实施按日连续处罚,应当坚持教育与处罚相结合的原则,引导和督促排污者及时改正环境违法行为。

第四条 环境保护主管部门实施按日连续处罚,应当依法向社会公开行政处罚决定和责令改正违法行为决定等相关信息。

第二章 适用范围

第五条 排污者有下列行为之一,受到罚款处罚,被责令改正,拒不改正的,依法作出罚款处罚决定的环境保护主管部门可以实施按日连续处罚:

(一)超过国家或者地方规定的污染物排放标准,或者超过重点污染物排放总量控制指标排放污染物的;

（二）通过暗管、渗井、渗坑、灌注或者篡改、伪造监测数据，或者不正常运行防治污染设施等逃避监管的方式排放污染物的；

（三）排放法律、法规规定禁止排放的污染物的；

（四）违法倾倒危险废物的；

（五）其他违法排放污染物行为。

第六条 地方性法规可以根据环境保护的实际需要，增加按日连续处罚的违法行为的种类。

第三章 实施程序

第七条 环境保护主管部门检查发现排污者违法排放污染物的，应当进行调查取证，并依法作出行政处罚决定。

按日连续处罚决定应当在前款规定的行政处罚决定之后作出。

第八条 环境保护主管部门可以当场认定违法排放污染物的，应当在现场调查时向排污者送达责令改正违法行为决定书，责令立即停止违法排放污染物行为。

需要通过环境监测认定违法排放污染物的，环境监测机构应当按照监测技术规范要求进行监测。环境保护主管部门应当在取得环境监测报告后三个工作日内向排污者送达责令改正违法行为决定书，责令立即停止违法排放污染物行为。

第九条 责令改正违法行为决定书应当载明下列事项：

（一）排污者的基本情况，包括名称或者姓名、营业执照号码或者居民身份证号码、组织机构代码、地址以及法定代表人或者主要负责人姓名等；

（二）环境违法事实和证据；

（三）违反法律、法规或者规章的具体条款和处理依据；

（四）责令立即改正的具体内容；

（五）拒不改正可能承担按日连续处罚的法律后果；

（六）申请行政复议或者提起行政诉讼的途径和期限；

（七）环境保护主管部门的名称、印章和决定日期。

第十条 环境保护主管部门应当在送达责令改正违法行为决定书之日起三十日内,以暗查方式组织对排污者违法排放污染物行为的改正情况实施复查。

第十一条 排污者在环境保护主管部门实施复查前,可以向作出责令改正违法行为决定书的环境保护主管部门报告改正情况,并附具相关证明材料。

第十二条 环境保护主管部门复查时发现排污者拒不改正违法排放污染物行为的,可以对其实施按日连续处罚。

环境保护主管部门复查时发现排污者已经改正违法排放污染物行为或者已经停产、停业、关闭的,不启动按日连续处罚。

第十三条 排污者具有下列情形之一的,认定为拒不改正:

(一)责令改正违法行为决定书送达后,环境保护主管部门复查发现仍在继续违法排放污染物的;

(二)拒绝、阻挠环境保护主管部门实施复查的。

第十四条 复查时排污者被认定为拒不改正违法排放污染物行为的,环境保护主管部门应当按照本办法第八条的规定再次作出责令改正违法行为决定书并送达排污者,责令立即停止违法排放污染物行为,并应当依照本办法第十条、第十二条的规定对排污者再次进行复查。

第十五条 环境保护主管部门实施按日连续处罚应当符合法律规定的行政处罚程序。

第十六条 环境保护主管部门决定实施按日连续处罚的,应当依法作出处罚决定书。

处罚决定书应当载明下列事项:

(一)排污者的基本情况,包括名称或者姓名、营业执照号码或者居民身份证号码、组织机构代码、地址以及法定代表人或者主要负责人姓名等;

(二)初次检查发现的环境违法行为及该行为的原处罚决定、拒不改正的违法事实和证据;

（三）按日连续处罚的起止时间和依据；
（四）按照按日连续处罚规则决定的罚款数额；
（五）按日连续处罚的履行方式和期限；
（六）申请行政复议或者提起行政诉讼的途径和期限；
（七）环境保护主管部门名称、印章和决定日期。

第四章 计罚方式

第十七条 按日连续处罚的计罚日数为责令改正违法行为决定书送达排污者之日的次日起，至环境保护主管部门复查发现违法排放污染物行为之日止。再次复查仍拒不改正的，计罚日数累计执行。

第十八条 再次复查时违法排放污染物行为已经改正，环境保护主管部门在之后的检查中又发现排污者有本办法第五条规定的情形的，应当重新作出处罚决定，按日连续处罚的计罚周期重新起算。按日连续处罚次数不受限制。

第十九条 按日连续处罚每日的罚款数额，为原处罚决定书确定的罚款数额。

按照按日连续处罚规则决定的罚款数额，为原处罚决定书确定的罚款数额乘以计罚日数。

第五章 附　则

第二十条 环境保护主管部门针对违法排放污染物行为实施按日连续处罚的，可以同时适用责令排污者限制生产、停产整治或者查封、扣押等措施；因采取上述措施使排污者停止违法排污行为的，不再实施按日连续处罚。

第二十一条 本办法由国务院环境保护主管部门负责解释。

第二十二条 本办法自2015年1月1日起施行。

规范环境行政处罚自由裁量权若干意见

关于印发《规范环境行政处罚自由裁量权若干意见》的通知

环发〔2009〕24号

各省、自治区、直辖市环境保护局（厅），新疆生产建设兵团环境保护局，副省级城市环境保护局：

《规范环境行政处罚自由裁量权若干意见》已由环境保护部部常务会议于2009年2月20日审议通过。现印发给你们，请遵照执行。

各级环保部门要结合深入学习实践科学发展观活动，提高认识，加强领导，通过学习培训、以案说法等方式，总结和交流环境行政处罚工作的经验和教训，不断提高执法人员正确运用行政处罚自由裁量权的水平。

各级环保部门应当建立健全环境行政处罚自由裁量权的监督机制。在环境行政处罚案卷评查、行政执法评议考核、环境行政复议和环境信访等监督工作中，既要审查行政处罚自由裁量权的合法性，也要审查其合理性。对于行使行政处罚自由裁量权明显不当、显失公正或者其他不规范的情形，要坚决依法予以纠正。要以积极的姿态接受人民法院依照行政诉讼法的规定对环境行政处罚的司法监督，自觉接受人大监督、政协民主监督和社会监督。

各地在执行本意见过程中，如遇重大问题，应及时报告。

二〇〇九年三月十一日

环境行政处罚自由裁量权，是指环保部门在查处环境违法行为时，依据法律、法规和规章的规定，酌情决定对违法行为人是否处罚、处罚种类和处罚幅度的权限。

正确行使环境行政处罚自由裁量权，是严格执法、科学执法、推进依法行政的基本要求。近年来，各级环保部门在查处环境违法行为过程中，依法行使自由裁量权，对于准确适用环保法规，提高环境监管水平，打击恶意环境违法行为，防治环境污染和保障人体健康发挥了重要作用。但是，在行政处罚工作中，一些地方还不同程度地存在着不当行使自由裁量权的问题，个别地区出现了滥用自由裁量权的现象，甚至由此滋生执法腐败，在社会上造成不良影响，应当坚决予以纠正。

为进一步规范环境行政处罚自由裁量权，提高环保系统依法行政的能力和水平，有效预防执法腐败，现提出如下意见。

一、准确适用法规条款

（一）高位法优先适用规则

环保法律的效力高于行政法规、地方性法规、规章；环保行政法规的效力高于地方性法规、规章；环保地方性法规的效力高于本级和下级政府规章；省级政府制定的环保规章的效力高于本行政区域内的较大的市政府制定的规章。

（二）特别法优先适用规则

同一机关制定的环保法律、行政法规、地方性法规和规章，特别规定与一般规定不一致的，适用特别规定。

（三）新法优先适用规则

同一机关制定的环保法律、行政法规、地方性法规和规章，新的规定与旧的规定不一致的，适用新的规定。

（四）地方法规优先适用情形

环保地方性法规或者地方政府规章依据环保法律或者行政法规的授权，并根据本行政区域的实际情况作出的具体规定，与环保部门规章对同一事项规定不一致的，应当优先适用环保地方性法规或者地方政府规章。

（五）部门规章优先适用情形

环保部门规章依据法律、行政法规的授权作出的实施性规定，或者环保部门规章对于尚未制定法律、行政法规而国务院授权的环保事项作出的具体规定，与环保地方性法规或者地方政府规章对同一事项规定不一致的，应当优先适用环保部门规章。

（六）部门规章冲突情形下的适用规则

环保部门规章与国务院其他部门制定的规章之间，对同一事项的规定不一致的，应当优先适用根据专属职权制定的规章；两个以上部门联合制定的规章，优先于一个部门单独制定的规章；不能确定如何适用的，应当按程序报请国务院裁决。

二、严格遵守处罚原则

环保部门在环境执法过程中，对具体环境违法行为决定是否给予行政处罚、确定处罚种类、裁定处罚幅度时，应当严格遵守以下原则：

（七）过罚相当

环保部门行使环境行政处罚自由裁量权，应当遵循公正原则，必须以事实为依据，与环境违法行为的性质、情节以及社会危害程度相当。

（八）严格程序

环保部门实施环境行政处罚，应当遵循调查、取证、告知等法定程序，充分保障当事人的陈述权、申辩权和救济权。对符合法定听证条件的环境违法案件，应当依法组织听证，充分听取当事人意见，并集体讨论决定。

（九）重在纠正

处罚不是目的，要特别注重及时制止和纠正环境违法行为。环保部门实施环境行政处罚，必须首先责令违法行为人立即改正或者限期改正。责令限期改正的，应当明确提出要求改正违法行为的具体内容和合理期限。对责令限期改正、限期治理、限产限排、停产整治、停产整顿、停业关闭的，要切实加强后督察，确保各项整改措施执行到位。

(十) 综合考虑

环保部门在行使行政处罚自由裁量权时,既不得考虑不相关因素,也不得排除相关因素,要综合、全面地考虑以下情节:

1. 环境违法行为的具体方法或者手段;

2. 环境违法行为危害的具体对象;

3. 环境违法行为造成的环境污染、生态破坏程度以及社会影响;

4. 改正环境违法行为的态度和所采取的改正措施及其效果;

5. 环境违法行为人是初犯还是再犯;

6. 环境违法行为人的主观过错程度。

(十一) 量罚一致

环保部门应当针对常见环境违法行为,确定一批自由裁量权尺度把握适当的典型案例,作为行政处罚案件的参照标准,使同一地区、情节相当的同类案件,行政处罚的种类和幅度基本一致。

(十二) 罚教结合

环保部门实施环境行政处罚,纠正环境违法行为,应当坚持处罚与教育相结合,教育公民、法人或者其他组织自觉遵守环保法律法规。

三、合理把握裁量尺度

(十三) 从重处罚

1. 主观恶意的,从重处罚。恶意环境违法行为,常见的有:"私设暗管"偷排的,用稀释手段"达标"排放的,非法排放有毒物质的,建设项目"未批先建"、"批小建大"、"未批即建成投产"以及"以大化小"骗取审批的,拒绝、阻挠现场检查的,为规避监管私自改变自动监测设备的采样方式、采样点的,涂改、伪造监测数据的,拒报、谎报排污申报登记事项的。

2. 后果严重的,从重处罚。环境违法行为造成饮用水中断的,严重危害人体健康的,群众反映强烈以及造成其他严重后果的,从重处罚。

3. 区域敏感的,从重处罚。环境违法行为对生活饮用水水源保护区、自然保护区、风景名胜区、居住功能区、基本农田保护区等环境敏感区造成重大不利影响的,从重处罚。

4. 屡罚屡犯的,从重处罚。环境违法行为人被处罚后 12 个月内再次实施环境违法行为的,从重处罚。

(十四) 从轻处罚

主动改正或者及时中止环境违法行为的,主动消除或者减轻环境违法行为危害后果的,积极配合环保部门查处环境违法行为的,环境违法行为所致环境污染轻微、生态破坏程度较小或者尚未产生危害后果的,一般性超标或者超总量排污的,从轻处罚。

(十五) 单位个人"双罚"制

企业事业单位实施环境违法行为的,除对该单位依法处罚外,环保部门还应当对直接责任人员,依法给予罚款等行政处罚;对其中由国家机关任命的人员,环保部门应当移送任免机关或者监察机关依法给予处分。

如《水污染防治法》第 83 条规定,企业事业单位造成水污染事故的,由环保部门对该单位处以罚款;对直接负责的主管人员和其他直接责任人员可以处上一年度从本单位取得的收入 50% 以下的罚款。

(十六) 按日计罚

环境违法行为处于继续状态的,环保部门可以根据法律法规的规定,严格按照违法行为持续的时间或者拒不改正违法行为的时间,按日累加计算罚款额度。

如《重庆市环境保护条例》第 111 条规定,违法排污拒不改正的,环保部门可以按照规定的罚款额度,按日累加处罚。

(十七) 从一重处罚

同一环境违法行为,同时违反具有包容关系的多个法条的,应当从一重处罚。

如在人口集中地区焚烧医疗废物的行为，既违反《大气污染防治法》第41条"禁止在人口集中区焚烧产生有毒有害烟尘和恶臭气体的物质"的规定，同时又违反《固体废物污染环境防治法》第17条"处置固体废物的单位，必须采取防治污染环境的措施"的规定。由于"焚烧"医疗垃圾属于"处置"危险废物的具体方式之一，因此，违反《大气污染防治法》第41条禁止在人口集中区焚烧医疗废物的行为，必然同时违反《固体废物污染环境防治法》第17条必须依法处置危险废物的规定。这两个相关法条之间存在包容关系。对于此类违法行为触犯的多个相关法条，环保部门应当选择其中处罚较重的一个法条，定性并量罚。

（十八）多个行为分别处罚

一个单位的多个环境违法行为，虽然彼此存在一定联系，但各自构成独立违法行为的，应当对每个违法行为同时、分别依法给予相应处罚。

如一个建设项目同时违反环评和"三同时"规定，属于两个虽有联系但完全独立的违法行为，应当对建设单位同时、分别、相应予以处罚。即应对其违反"三同时"的行为，依据相关单项环保法律"责令停止生产或者使用"并依法处以罚款，还应同时依据《环境影响评价法》第31条"责令限期补办手续"。需要说明的是，"限期补办手续"是指建设单位应当在限期内提交环评文件；环保部门则应严格依据产业政策、环境功能区划和总量控制指标等因素，作出是否批准的决定，不应受建设项目是否建成等因素的影响。

四、综合运用惩戒手段

（十九）环境行政处罚与经济政策约束相结合

对严重污染环境的违法企业，环保部门应当按照有关规定，及时通报中国人民银行和银行业、证券业监管机构及商业银行，为信贷机构实施限贷、停贷措施和证监机构不予核准上市和再融资提供信息支持。

（二十）环境行政处罚与社会监督相结合

环保部门应当通过政府网站等方式，公布环境行政处罚的权限、种类、依据，并公开社会责任意识淡薄、环境公德缺失、环保守法记录不良、环境守法表现恶劣并受到处罚的企业名称和相关《处罚决定书》，充分发挥公众和社会舆论的监督作用。

对严重违反环保法律法规的企业，环保部门还可报告有关党委（组织、宣传部门）、人大、政府、政协等机关，通报工会、共青团、妇联等群众团体以及有关行业协会等，撤销违法企业及其责任人的有关荣誉称号。

（二十一）环境行政处罚与部门联动相结合

对未依法办理环评审批、未通过"三同时"验收，擅自从事生产经营活动等违法行为，环保部门依法查处后，应当按照国务院《无照经营查处取缔办法》的规定，移送工商部门依法查处；对违反城乡规划、土地管理法律法规的建设项目，应当移送规划、土地管理部门依法限期拆除、恢复土地原状。

（二十二）环境行政处罚与治安管理处罚相结合

环保部门在查处环境违法行为过程中，发现有阻碍环保部门监督检查、违法排放或者倾倒危险物质等行为，涉嫌构成违反治安管理行为的，应当移送公安机关依照《治安管理处罚法》予以治安管理处罚。

如对向环境"排放、倾倒"毒害性、放射性物质或者传染病病原体等危险物质，涉嫌违反《治安管理处罚法》第30条，构成非法"处置"危险物质行为的，环保部门应当根据全国人大常委会法工委《对违法排污行为适用行政拘留处罚问题的意见》（法工委复〔2008〕5号）以及环境保护部《关于转发全国人大法工委〈对违法排污行为适用行政拘留处罚问题的意见〉的通知》（环发〔2008〕62号）的规定，及时移送公安机关予以拘留。

（二十三）环境行政处罚与刑事案件移送相结合

环保部门在查处环境违法行为过程中，发现违法行为人涉嫌重大环境污染事故等犯罪，依法应予追究刑事责任的，应当依照《刑事诉讼法》、《行政执法机关移送涉嫌犯罪案件的规定》和《关于环境保护行政主管部门移送涉嫌环境犯罪案件的若干规定》（原环保总局、公安部、最高人民检察院，环发〔2007〕78号），移送公安机关。

（二十四）环境行政处罚与支持民事诉讼相结合

对环境污染引起的损害赔偿纠纷，当事人委托环境监测机构提供监测数据的，环境监测机构应当接受委托。当事人要求提供环境行政处罚、行政复议、行政诉讼和实施行政强制措施等执法情况的，环保部门应当依法提供相关环境信息。环境污染损害赔偿纠纷受害人向人民法院提起诉讼的，环保部门可以依法支持。环保部门可以根据环境污染损害赔偿纠纷当事人的请求，开展调解处理。

食品药品行政处罚程序规定

国家食品药品监督管理总局令
第3号

已于2014年3月14日经国家食品药品监督管理总局局务会议审议通过,现予公布,自2014年6月1日起施行。

国家食品药品监督管理总局局长
2014年4月28日

第一章 总 则

第一条 为规范食品药品监督管理部门行使行政处罚权,保护公民、法人和其他组织的合法权益,根据《中华人民共和国行政处罚法》(以下简称行政处罚法)、《中华人民共和国行政强制法》(以下简称行政强制法)、《中华人民共和国食品安全法》、《中华人民共和国药品管理法》等有关法律法规,制定本规定。

第二条 食品药品监督管理部门对违反食品、保健食品、药品、化妆品、医疗器械管理法律、法规、规章的单位或者个人实施行政处罚,应当遵照本规定。

第三条 食品药品监督管理部门实施行政处罚，遵循公开、公平、公正的原则，做到事实清楚、证据确凿、程序合法、法律法规规章适用准确适当、执法文书使用规范。

第四条 公民、法人或者其他组织对食品药品监督管理部门给予的行政处罚，享有陈述、申辩权；对行政处罚不服的，有权依法申请行政复议或者提起行政诉讼。

第五条 食品药品监督管理部门建立行政处罚监督制度。

上级食品药品监督管理部门对下级食品药品监督管理部门实施的行政处罚进行监督。上级食品药品监督管理部门对下级食品药品监督管理部门作出的违法或者不适当的行政处罚决定，责令其限期改正；逾期不改正的，依法予以变更或者撤销。

第二章 管 辖

第六条 行政处罚由违法行为发生地的食品药品监督管理部门管辖。

第七条 县（区）、市（地、州）食品药品监督管理部门依职权管辖本行政区域内的食品药品行政处罚案件。

省、自治区、直辖市食品药品监督管理部门依职权管辖本行政区域内重大、复杂的食品药品行政处罚案件。

国家食品药品监督管理总局依职权管辖应当由自己实施行政处罚的案件及全国范围内发生的重大、复杂的食品药品行政处罚案件。

省、自治区、直辖市食品药品监督管理部门可以依据法律法规和规章，结合本地区实际，规定本行政区域内级别管辖的具体分工。

第八条 县级以上食品药品监督管理部门可以在法定权限内委托符合行政处罚法第十九条规定条件的组织实施行政处罚。

受委托的组织应当在委托范围内，以委托部门的名义作出具体行政行为。委托部门应当对受委托组织的行政处罚行为及其相关的行政执法行为进行指导和监督,并对该行为的后果承担法律责任。

第九条 县级食品药品监督管理部门在乡镇或者区域设置的食品药品监督管理派出机构,依照法律法规和规章的规定,行使行政处罚权。

第十条 对当事人的同一违法行为,两个以上食品药品监督管理部门均有管辖权的,由先行立案的食品药品监督管理部门管辖。对管辖权有争议的,应当协商解决;协商不成的,报请共同的上一级食品药品监督管理部门指定管辖。

第十一条 上级食品药品监督管理部门认为必要时可以直接查处下级食品药品监督管理部门管辖的案件,也可以将自己管辖的案件移交下级食品药品监督管理部门查处。

下级食品药品监督管理部门对本部门管辖的案件由于特殊原因不能行使管辖权的,可以报请上级食品药品监督管理部门管辖或者指定管辖。

第十二条 上级食品药品监督管理部门接到管辖争议或者报请指定管辖请示后,应当在10个工作日内作出指定管辖的决定,并书面通知下级部门。

第十三条 食品药品监督管理部门发现案件不属于本部门管辖的,应当及时移送有管辖权的食品药品监督管理部门或者相关行政管理部门处理。

受移送的食品药品监督管理部门应当将案件查处结果及时函告移送案件的食品药品监督管理部门;认为移送不当的,应当报请共同的上一级食品药品监督管理部门指定管辖,不得再次移送。

第十四条 食品药品监督管理部门在查处案件时,发现违法行为涉嫌犯罪的,应当按照《行政执法机关移送涉嫌犯罪案件的规定》的要求,及时移送同级公安机关。

公安机关决定立案的,食品药品监督管理部门应当自接到公安机关立案通知书之日起3日内将涉案物品以及与案件有关的其他材料移交公安机关，并办结交接手续；对涉案的查封扣押物品，还应当填写查封扣押物品移交通知书，并书面告知当事人。

第十五条　食品药品监督管理部门办理行政处罚案件需要其他地区食品药品监督管理部门协助调查、取证的，应当出具协助调查函。协助部门一般应当在接到协助调查函之日起15个工作日内完成相关工作；需要延期完成的，应当及时告知提出协查请求的部门。

第十六条　依法应当吊销食品药品行政许可证或者撤销批准证明文件的，由原发证或者批准的食品药品监督管理部门决定。

食品药品监督管理部门查处违法案件，对依法应当吊销许可证或者撤销批准证明文件的，在其权限内依法实施行政处罚的同时，应当将取得的证据及相关材料报送原发证、批准的食品药品监督管理部门，由原发证、批准的部门依法作出是否吊销许可证或者撤销批准证明文件的行政处罚决定。需由国家食品药品监督管理总局撤销批准证明文件的，由省、自治区、直辖市食品药品监督管理部门报国家食品药品监督管理总局决定。

原发证、批准的部门依法作出吊销许可证和撤销批准证明文件的行政处罚决定，依照本规定进行。

第三章　立　案

第十七条　食品药品监督管理部门应当对下列事项及时调查处理：

（一）在监督检查及抽验中发现案件线索的；
（二）公民、法人或者其他组织投诉、举报的；
（三）上级机关交办或者下级机关报请查处的；
（四）有关部门移送或者经由其他方式、途径披露的。
符合立案条件的，应当在7个工作日内立案。

第十八条 立案应当符合下列条件：
（一）有明确的违法嫌疑人；
（二）有违法事实；
（三）属于食品药品监督管理行政处罚的范围；
（四）属于本部门管辖。

符合立案条件的，应当报分管负责人批准立案，并确定 2 名以上执法人员为案件承办人。

第十九条 办案人员有下列情形之一的，应当自行回避；当事人也有权申请其回避：
（一）是本案的当事人或者当事人的近亲属；
（二）与本案有直接利害关系；
（三）与本案当事人有其他关系，可能影响案件公正处理的。

办案人员的回避由食品药品监督管理部门分管负责人决定，负责人的回避由部门其他负责人集体研究决定。

回避决定作出前，被申请回避人员不得擅自停止对案件的调查处理。

第四章　调查取证

第二十条 食品药品监督管理部门进行案件调查时，执法人员不得少于 2 人，并应当出示执法证件。

首次向案件当事人收集、调取证据的，应当告知其有申请办案人员回避的权利。

被调查人或者有关人员应当如实回答询问并协助、配合调查，及时提供依法应当保存的票据、凭证、记录等相关材料，不得阻挠、干扰案件的调查。

办案过程中涉及国家秘密、商业秘密和个人隐私的，执法人员应当保守秘密。

第二十一条 执法人员进行现场调查时，应当制作笔录。笔录应当注明执法人员身份、证件名称、证件编号及调查目的。执法人员应当在笔录上签字。

笔录经核对无误后,被调查人应当在笔录上逐页签字或者按指纹,并在笔录上注明对笔录真实性的意见。笔录修改处,应当由被调查人签字或者按指纹。

第二十二条 办案人员应当依法收集与案件有关的证据。证据包括书证、物证、视听资料、证人证言、当事人陈述、检验报告、鉴定意见、调查笔录、电子数据、现场检查笔录等。

立案前调查或者检查过程中依法取得的证据,可以作为认定事实的依据。

第二十三条 调取的证据应当是原件、原物。调取原件、原物确有困难的,可以由提交证据的单位或者个人在复制品上签字或者加盖公章,并注明"此件由×××提供,经核对与原件(物)相同"的字样或者文字说明。

第二十四条 在中华人民共和国领域外形成的证据,应当说明来源,经所在国公证机关证明,并经中华人民共和国驻该国使领馆认证,或者履行中华人民共和国与证据所在国订立的有关条约中规定的证明手续。

境外证据所包含的语言、文字应当提供经具有翻译资质的机构翻译的或者其他翻译准确的中文译文。

在中华人民共和国香港特别行政区、澳门特别行政区和台湾地区形成的证据,应当按照有关规定办理证明手续。

第二十五条 在证据可能灭失或者以后难以取得的情况下,经分管负责人批准,可以先行登记保存,并向当事人出具先行登记保存物品通知书。先行登记保存期间,当事人或者有关人员不得损毁、销毁或者转移证据。

第二十六条 食品药品监督管理部门对先行登记保存的证据,应当在7日内作出以下处理决定:

(一)需要采取证据保全措施的,采取记录、复制、拍照、录

像等证据保全措施后予以返还;

(二)需要检验、检测、检疫、鉴定的,送交检验、检测、检疫、鉴定;

(三)依法应当予以没收的,作出行政处罚决定,没收违法物品;

(四)需要查封、扣押的,依法采取查封、扣押措施;

(五)违法事实不成立,或者违法事实成立但依法不应当予以查封、扣押或者没收的,解除先行登记保存措施。

逾期未作出处理决定的,应当解除先行登记保存。

第二十七条 食品药品监督管理部门在案件调查时,经分管负责人批准可以依法采取查封、扣押等行政强制措施,执法人员应当向当事人出具查封、扣押决定书。

情况紧急,需要当场采取查封、扣押措施的,执法人员应当在查封扣押后24小时内向分管负责人报告,并补办批准手续。分管负责人认为不应当采取行政强制措施的,应当立即解除。

第二十八条 食品药品监督管理部门实施先行登记保存或者查封、扣押时,应当通知当事人到场,并在现场检查笔录中对采取的相关措施情况予以记载。

对查封、扣押的场所、设施或者财物,应当使用盖有本部门公章的封条就地或者异地封存,当事人不得擅自启封。

对先行登记保存或者查封、扣押的物品应当开列物品清单,由执法人员、当事人或者有关人员签字或者加盖公章。

第二十九条 查封、扣押的场所、设施或者财物应当妥善保管,不得使用、损毁或者擅自转移、处置。

对容易腐烂、变质的物品,法律法规规定可以直接先行处理的,或者当事人同意先行处理的,经食品药品监督管理部门分管负责人批准,在采取相关措施留存证据后可以先行处理。

第三十条 查封、扣押的期限不得超过30日;情况复杂的,经食品药品监督管理部门分管负责人批准,可以延长,但延长的期限不得超过30日。

作出延长查封、扣押期限决定后应当及时填写查封扣押延期通知书，书面告知当事人，并说明理由。

对物品需要进行检验、检测、检疫或者鉴定的，应当填写检验（检测、检疫、鉴定）告知书。查封、扣押的期间不包括检验、检测、检疫或者鉴定的期间。

符合行政强制法第二十八条规定的，应当解除查封、扣押。

第三十一条 执法人员在调查取证过程中，要求当事人在笔录或者其他材料上签名、盖章或者以其他方式确认，当事人拒绝到场，拒绝签名、盖章或者以其他方式确认，或者无法找到当事人的，应当由两名执法人员在笔录或者其他材料上注明原因，并邀请有关人员作为见证人签字或者盖章，也可以采取录音、录像等方式记录。

第三十二条 执法人员调查违法事实，需要抽取样品检验的，应当按照有关规定抽取样品。检验机构应当在规定时限内及时进行检验。

第三十三条 案件调查终结后，案件承办人应当撰写调查终结报告，简易程序除外。调查终结报告内容包括：当事人基本情况、案由、违法事实及证据、调查经过等；拟给予行政处罚的，还应当包括所适用的依据及处罚建议。

第三十四条 食品药品监督管理部门进行案件调查时，对已有证据证明有违法行为的，应当出具责令改正通知书，责令当事人改正或者限期改正违法行为。

第五章 处罚决定

第一节 一般程序

第三十五条 承办人提交案件调查终结报告后，食品药品监督管理部门应当组织3名以上有关人员对违法行为的事实、性质、情节、社会危害程度、办案程序、处罚意见等进行合议。

合议应当根据认定的事实，提出予以处罚、补充证据、重新调查、撤销案件或者其他处理意见。

第三十六条　食品药品监督管理部门在作出处罚决定前应当填写行政处罚事先告知书，告知当事人违法事实、处罚的理由和依据，以及当事人依法享有的陈述、申辩权。

食品药品监督管理部门应当充分听取当事人的陈述和申辩。当事人提出的事实、理由或者证据经复核成立的，应当采纳。

食品药品监督管理部门不得因当事人申辩而加重处罚。

第三十七条　食品药品监督管理部门在作出责令停产停业、吊销许可证、撤销批准证明文件、较大数额罚款、没收较大数额财物等行政处罚决定前，应当告知当事人有要求举行听证的权利。当事人要求听证的，应当按照法定程序组织听证。

较大数额罚款的标准，按照地方性法规、地方政府规章等有关规范性文件的规定执行。

第三十八条　拟作出的行政处罚决定应当报食品药品监督管理部门负责人审查。食品药品监督管理部门负责人根据不同情况，分别作出如下决定：

（一）确有应受行政处罚的违法行为的，根据情节轻重及具体情况，作出行政处罚决定；

（二）违法行为轻微，依法可以不予行政处罚的，不予行政处罚；

（三）违法事实不能成立的，不得给予行政处罚；

（四）违法行为已构成犯罪的，移送公安机关。

第三十九条　对情节复杂或者重大违法行为给予较重的行政处罚，应当由食品药品监督管理部门负责人集体讨论决定。集体讨论决定的过程应当有书面记录。

重大、复杂案件标准由各省、自治区、直辖市食品药品监督管理部门根据实际确定。

第四十条 食品药品监督管理部门作出行政处罚决定,应当制作行政处罚决定书。

行政处罚决定书应当载明下列事项:

(一)当事人的姓名或者名称、地址;

(二)违反法律、法规或者规章的事实和证据;

(三)行政处罚的种类和依据;

(四)行政处罚的履行方式和期限;

(五)不服行政处罚决定,申请行政复议或者提起行政诉讼的途径和期限;

(六)作出行政处罚决定的食品药品监督管理部门名称和作出决定的日期。

行政处罚决定中涉及没收食品药品或者其他有关物品的,还应当附没收物品凭证。

行政处罚决定书应当盖有作出行政处罚决定的食品药品监督管理部门的公章。

第四十一条 除依法应当予以销毁的物品外,食品药品监督管理部门对依法没收的非法财物,经分管负责人批准,依照行政处罚法第五十三条规定予以处理。处理的物品应当核实品种、数量,并填写清单。

第二节 简易程序

第四十二条 违法事实确凿并有法定依据,对公民处以50元以下、对法人或者其他组织处以1000元以下罚款或者警告的行政处罚的,可以当场作出行政处罚决定。

第四十三条 执法人员当场作出行政处罚决定的,应当向当事人出示执法证件,填写预定格式、编有号码并加盖食品药品监督管理部门公章的当场行政处罚决定书。

当场行政处罚决定书应当当场交付当事人,当事人签字或者盖章签收。

第四十四条 执法人员当场作出的行政处罚决定,应当在 7 个工作日以内报所属部门备案。

第六章 送 达

第四十五条 行政处罚决定书应当在宣告后当场交付当事人;当事人不在场的,应当在 7 日内依照本章规定,将行政处罚决定书送达当事人。

行政处罚决定书由承办人直接送交当事人签收。受送达人是公民的,本人不在时,交其同住成年家属签收;受送达人是法人的,应当由其法定代表人签收;受送达人是其他组织的,由其主要负责人签收。受送达人有代理人的,可以送交其代理人签收。

受送达人应当在送达回执上注明收到日期并签字或者盖章。签收日期即为送达日期。

第四十六条 受送达人或者其同住成年家属拒收行政处罚决定书的,送达人可以邀请有关基层组织或者所在单位人员到场并说明情况,在送达回执上注明拒收事由和日期,由送达人、见证人签字或者盖章,将行政处罚决定书留在受送达人的住所,即视为送达。

第四十七条 直接送达有困难的,可以委托就近的食品药品监督管理部门代为送达或者邮寄送达。邮寄送达的,回执注明的收件日期即为送达日期。

国家食品药品监督管理总局作出的撤销食品药品批准证明文件的行政处罚,交由当事人所在地的省、自治区、直辖市食品药品监督管理部门送达。

第四十八条 受送达人下落不明,或者依据本章规定的其他方式无法送达的,公告送达。自发出公告之日起 60 日即视为送达。

公告送达，可以在受送达人原住所地张贴公告，也可以在报纸、电视等刊登公告。

公告送达，应当在案卷中载明公告送达的原因和经过。

第七章 执行与结案

第四十九条 行政处罚决定书送达后，当事人应当在处罚决定的期限内予以履行。

当事人确有经济困难，可以提出延期或者分期缴纳罚款的申请，并提交书面材料。经案件承办人员审核，确定延期或者分期缴纳罚款的期限和金额，报分管负责人批准后执行。

第五十条 当事人对行政处罚决定不服，申请行政复议或者提起行政诉讼的，行政处罚不停止执行，但行政复议或者行政诉讼期间决定或者裁定停止执行的除外。

第五十一条 作出罚款和没收违法所得决定的食品药品监督管理部门应当与收缴罚没款的机构分离。除按规定当场收缴的罚款外，执法人员不得自行收缴罚没款。

第五十二条 依据本规定当场作出行政处罚决定，有下列情形之一的，执法人员可以当场收缴罚款：

（一）依法给予20元以下罚款的；

（二）不当场收缴事后难以执行的。

第五十三条 在边远、水上、交通不便地区，食品药品监督管理部门及其执法人员依照本规定作出处罚决定后，当事人向指定的银行缴纳罚款确有困难的，经当事人提出，执法人员可以当场收缴罚款。

第五十四条 食品药品监督管理部门及其执法人员当场收缴罚款的，应当向当事人出具省、自治区、直辖市财政部门统一制发的罚款收据。

执法人员当场收缴的罚款，应当自收缴罚款之日起2日内交至食品药品监督管理部门；食品药品监督管理部门应当在 2 日内将罚款缴付指定的银行。

第五十五条 当事人在法定期限内不申请行政复议或者提起行政诉讼，又不履行行政处罚决定的，食品药品监督管理部门应当向人民法院申请强制执行。

食品药品监督管理部门申请人民法院强制执行前应当填写履行行政处罚决定催告书，书面催告当事人履行义务，并告知履行义务的期限和方式、依法享有的陈述和申辩权，涉及加处罚款的，应当有明确的金额和给付方式。

加处罚款的总数额不得超过原罚款数额。

当事人进行陈述、申辩的，食品药品监督管理部门应当对当事人提出的事实、理由和证据进行记录、复核，并制作陈述申辩笔录、陈述申辩复核意见书。当事人提出的事实、理由或者证据成立的，食品药品监督管理部门应当采纳。

履行行政处罚决定催告书送达 10 个工作日后，当事人仍未履行处罚决定的，食品药品监督管理部门可以申请人民法院强制执行，并填写行政处罚强制执行申请书。

第五十六条 行政处罚决定履行或者执行后，办案人应当填写行政处罚结案报告，将有关案件材料进行整理装订，归档保存。

第八章 附 则

第五十七条 本规定中的期限以时、日计算，开始的时和日不计算在内。期限届满的最后一日是节假日的，以节假日后的第一日为届满的日期。法律、法规另有规定的除外。

第五十八条 本规定中的"以上"、"以下"、"以内"，均包括本数。

第五十九条 各省、自治区、直辖市食品药品监督管理部门可以根据本行政区域实际制定本规定的实施细则。

第六十条 国家食品药品监督管理总局负责制定行政处罚所适用的文书格式范本。各省、自治区、直辖市食品药品监督管理部门可以参照文书格式范本，制定本行政区域行政处罚所适用的文书格式并自行印制。

第六十一条 本规定自 2014 年 6 月 1 日起施行。2003 年 4 月 28 日公布的《药品监督行政处罚程序规定》（原国家食品药品监督管理局令第 1 号）同时废止。

附 录

食品药品行政处罚案件信息
公开实施细则（试行）

食品药品监管总局关于印发食品药品行政处罚案件
信息公开实施细则（试行）的通知
食药监稽〔2014〕166号

各省、自治区、直辖市食品药品监督管理局：

根据《国务院批转全国打击侵犯知识产权和制售假冒伪劣商品工作领导小组关于依法公开制售假冒伪劣商品和侵犯知识产权行政处罚案件信息的意见（试行）》（国发〔2014〕6号）要求，总局制定了《食品药品行政处罚案件信息公开实施细则（试行）》（附件1），现印发执行，并就有关事项通知如下：

一、各省（区、市）食品药品监管局要高度重视食品药品行政处罚案件信息公开工作，加强组织协调，做好本行政区域内的食品药品行政处罚案件信息公开工作。

二、食品药品监管体制改革尚未完全到位的地区，由本地区的食品药品监管部门负责协调相关部门确定食品药品行政处罚案件信息公开的部门和载体，并报上级主管部门备案。

三、食品药品行政处罚案件信息公开发布形式按《行政处罚信息公开表》（附件2）的格式进行发布，具体填写内容参照《行政处罚信息公开表（例表）》（附件3）的内容填写。

四、从2014年9月开始，各省（区、市）食品药品监管局应将制售假冒伪劣商品和侵犯知识产权案件信息公开数量统计汇总后，在总局稽查局《案件统计表》中一并上报。

国家食品药品监督管理总局
2014年8月11日

第一条 为促进食品药品行政处罚案件信息公开、规范运行，保障公众的知情权、参与权和监督权，根据国务院《关于依法公开制售假冒伪劣商品和侵犯知识产权行政处罚案件信息的意见（试行）》（国发〔2014〕6号），制定本细则。

第二条 本细则所称行政处罚案件信息，是指食品药品监督管理部门适用一般程序，依法查办的食品药品行政处罚案件的相关信息。

第三条 国家食品药品监督管理总局负责指导、协调、监督全国食品药品行政处罚案件信息公开工作。

县级以上食品药品监督管理部门负责公开本行政机关查办的行政处罚案件信息。

第四条 行政处罚案件信息公开应当遵循公平、公正、便民的原则，及时、准确地公开行政处罚案件信息。

第五条 县级以上食品药品监督管理部门，应当建立完善行政处罚案件信息公开制度，指定专门机构负责本部门行政处罚案件信息公开日常工作。该机构具体职责如下：

（一）监督、指导和考核下级食品药品监督管理部门行政处罚案件信息公开工作；

（二）组织制定本部门行政处罚案件信息公开的管理制度和工

作程序；

（三）负责行政处罚案件公开信息的内部审核和信息发布；

（四）及时维护和更新本部门公开的行政处罚案件信息；

（五）本部门有关行政处罚案件信息公开的其他工作。

第六条 食品药品监督管理部门应当在职责权限范围内向社会主动公开以下行政处罚案件信息：

（一）行政处罚决定书文号、案件名称；

（二）被处罚的自然人姓名，被处罚的企业或其他组织的名称、组织机构代码、法定代表人姓名；

（三）违反法律、法规或规章的主要事实；

（四）行政处罚的种类、依据；

（五）行政处罚的履行方式和期限；

（六）作出处罚决定的行政执法机关名称和日期。

行政处罚案件的违法主体涉及未成年人的，应当对未成年人的姓名等可能推断出该未成年人的信息采取符号替代或删除方式进行处理。

第七条 适用一般程序，依法查办的食品药品行政处罚案件信息原则上都应当公开，下列情形除外：

（一）涉及国家秘密，或者可能危及国家安全、公共安全、经济安全和社会稳定的信息；

（二）涉及商业秘密以及自然人身份证号码、住所、肖像、电话号码、财产状况等个人隐私的信息；

（三）行政机关内部管理信息以及处于讨论、研究或者审查中的过程性信息；

（四）法律、法规规定的其他不宜公开的信息。

第八条 食品药品监督管理部门应对不予公开的行政处罚案件信息进行审查。按照本细则第七条第（一）项的规定决定不予公开相关信息的，应当写明理由并报上一级机关批准；本细则第七条其他不予公开的行政处罚案件信息，报请本部门主要负责人批准。

对本细则第七条第（二）项规定的信息，经权利人同意公开或者食品药品监督管理部门认为不公开可能对公共利益造成重大影响的，经本部门主要负责人批准，可以予以公开，并将决定公开的内容和理由书面通知权利人。

第九条　行政处罚案件信息主要通过政务网站公开，也可同时以公告栏、新闻发布会、报刊、广播和电视等便于公众知晓、查询的方式公开。

第十条　属于主动公开范围的行政处罚案件信息，自行政执法机关作出处罚决定或处罚决定变更之日起20个工作日内予以公开，公开期间不少于2年。

第十一条　各级食品药品监督管理部门应当建立健全行政处罚案件信息公开协调机制。涉及其他行政机关的，应当在信息公开前进行沟通、确认，保证所公开的信息准确一致。

第十二条　各级食品药品监督管理部门应当建立健全行政处罚案件信息公开工作考核制度、社会评议制度和责任追究制度，定期对行政处罚案件信息公开工作进行考核、评议。

第十三条　行政处罚案件信息公开机构违反本细则规定，有下列情形之一的，上级食品药品监督管理部门应当责令改正；情节严重的，应建议地方政府对负有直接责任的主管人员和其他直接责任人员依法给予行政处分：

（一）不依法履行行政处罚案件信息公开义务的；

（二）不及时更新行政处罚案件信息内容的；

（三）在公开行程处罚案件信息过程中违反规定收取费用的；

（四）公开不应当公开的行政处罚案件信息的；

（五）违反本细则规定的其他行为。

第十四条　本细则由国家食品药品监督管理总局负责解释。

第十五条　本细则自印发之日起施行。

重大食品药品安全违法案件督办办法

食品药品监管总局关于印发重大食品药品安全违法案件督办办法的通知

食药监稽〔2014〕96号

各省、自治区、直辖市食品药品监督管理局，新疆生产建设兵团食品药品监督管理局：

  为保证重大食品药品安全违法案件依法办理，规范督办工作，提高案件查处工作效率和质量，依据《中华人民共和国行政处罚法》等法律法规，国家食品药品监督管理总局制定了《重大食品药品安全违法案件督办办法》。现予印发，请各地遵照执行。

国家食品药品监督管理总局
2014年7月10日

  第一条 为保证重大食品药品安全违法案件依法办理，规范督办工作，建立职责明确、协调统一、运转有序的工作机制，提高案件查处工作效率和质量，依据《中华人民共和国行政处罚法》、《中华人民共和国食品安全法》、《中华人民共和国药品管理法》、《中华人民共和国食品安全法实施条例》、《中华人民共和国药品管理法实施条例》、《医疗器械监督管理条例》、《化妆品卫生监督条例》等法律法规有关规定，制定本办法。

  第二条 重大食品药品安全违法案件（以下简称重大案件）是指违反食品（含食品添加剂）、保健食品、药品、化妆品和医疗器械法律法规行为情节严重，所研制、生产、经营或使用的产品足以或者已经造成严重危害的、或者造成重大影响的案件。

重大案件督办是指上级食品药品监督管理部门对下级食品药品监督管理部门查办重大案件的调查、违法行为的认定、法律法规的适用、办案程序、处罚及移送等环节实施协调、指导和监督。

第三条　重大案件督办工作应当遵循突出督办重点、依法高效、分级负责的原则。

第四条　国家食品药品监督管理总局稽查局负责对全国范围内的重大案件进行督办，地方各级食品药品监督管理局稽查部门负责对行政区域内的重大案件进行督办。

第五条　国家食品药品监督管理总局督办的重大案件主要包括：

（一）造成人员死亡或者对人体健康造成严重危害的食品药品质量安全案件；

（二）违法违规情形严重，足以吊销或者撤销相关批准证明文件的案件；

（三）生产销售假冒伪劣产品金额1000万元以上（含1000万元）的案件；

（四）其他造成重大影响的案件。

各省（区、市）食品药品监督管理部门督办重大案件的范围和标准，根据本地实际情况确定。

第六条　重大案件督办的主要内容包括：

（一）案件办理情况，包括案件进度、时限要求；

（二）相关食品药品监督管理部门的配合协作情况；

（三）与其他相关行政执法部门和司法机关的配合协作情况；

（四）对违法行为认定、违法产品性质认定、法律法规适用、处罚及移送等情况；

（五）案件查办的程序合法性；

（六）其他需要督查督办的事项。

第七条　各省（区、市）食品药品监督管理部门对行政区域内符合本办法第五条第一款的重大案件，及时报国家食品药品监督管理总局稽查局。

省以下各级重大案件的报告，由各省（区、市）食品药品监督管理部门根据本地实际情况分别确定。

第八条 上级食品药品监督管理局稽查部门（以下简称督办单位）根据案情复杂程度和查处工作需要确定督办案件。

对跨越多个区域且案情复杂的食品药品安全违法案件，本级食品药品监督管理部门查处确有困难的，可以报请上一级食品药品监督管理部门督办。

第九条 对需要督办的重大案件，督办单位经办人提出拟督办意见，经督办单位负责人审批后，向承办案件的食品药品监督管理部门（以下简称承办单位）发出重大案件督办函。

第十条 督办单位应当指导、协调、督查重大案件查处，督办可采用文函督办、现场督办、会议督办、电话督办等方式实施，案件涉及其他部门的，可联系协调实施联合督办。

国家食品药品监督管理总局稽查局根据工作需要，可以抽调人员前往案发地区督促检查或者指导办案。

第十一条 承办单位应当每 30 个工作日向督办单位报告一次案件查处进展情况；重大案件督办函有确定报告时限的，按照确定时限报告；案件查处有重大进展或者遇到紧急情形的，应当及时报告；案件查处没有进展或者进展缓慢的，应当说明原因，并明确提出下一步查处工作安排。

对涉嫌犯罪依法移送司法机关的案件，承办单位应当关注案件的进展情况，并及时报告督办单位。

第十二条 督办的重大案件违法事实已经查证清楚，并依法作出行政处罚决定的；涉及其他职能部门或者涉嫌刑事犯罪的案件，依法移送相关部门或者司法机关并被立案的；完成督办单位其他督办事项要求的，可以认定为案件督办的办结。

承办单位应当在办结之日起 10 个工作日内，向督办单位报告结果。报告内容应当包括案件来源、案件查处情况、行政处罚及案件依法移送等，情况复杂的督办事项应当附送调查报告。

第十三条　督办单位经办人对承办单位上报的办结报告进行审查，对符合办结标准的，报督办单位负责人审批；对不符合办结标准的，退回承办单位并提出进一步处理要求。

第十四条　已批准办结的督办案件，应当按照档案管理规定，将督办案件的有关材料及时整理后归档保存。

第十五条　各级食品药品监督管理部门在不影响案件查办的情况下，适时对具有典型意义的重大案件通过媒体予以曝光和宣传。

在曝光宣传国家食品药品监督管理总局督办的重大案件前，各省（区、市）食品药品监督管理部门需向国家食品药品监督管理总局报告并征得同意。

第十六条　重大案件督办实行工作责任追究制。承办单位主要领导和分管领导承担领导责任，承办单位稽查部门负责人、分管负责人以及案件承办人员按照各自职责承担直接责任。

在督办过程中，如发现承办单位存在行政不作为或者拖延、推诿、未在规定时限内办结承办事项等问题的，承办人员有通风报信等违法违纪行为的，督办单位应当及时向有关部门通报相关情况。

第十七条　上级食品药品监督管理部门定期对重大案件的查办情况予以通报，对承办单位及承办人员在查处督办案件中成绩突出的，可以给予通报表扬；对案件隐瞒不报、承办及协查协办不力的，给予通报批评。

第十八条　本办法由国家食品药品监督管理总局稽查局会同相关司局解释。

第十九条　本办法自发布之日起施行。2010年12月27日发布的《重点案件督查督办办法（试行）》（食药监办稽〔2010〕146号）同时废止。

药品安全"黑名单"管理规定（试行）

国家食品药品监督管理局关于印发药品安全"黑名单"管理规定（试行）的通知

国食药监办〔2012〕219号

各省、自治区、直辖市食品药品监督管理局（药品监督管理局），新疆生产建设兵团食品药品监督管理局：

为进一步加强药品和医疗器械安全监督管理，推进诚信体系建设，完善行业禁入和退出机制，督促和警示生产经营者全面履行质量安全责任，依据《药品管理法》、《行政许可法》、《医疗器械监督管理条例》、《政府信息公开条例》以及其他相关法律、行政法规，国家食品药品监督管理局制定了《药品安全"黑名单"管理规定（试行）》，现予印发，请遵照执行。

国家食品药品监督管理局
2012年8月13日

第一条 为进一步加强药品和医疗器械安全监督管理，推进诚信体系建设，完善行业禁入和退出机制，督促生产经营者全面履行质量安全责任，增强全社会监督合力，震慑违法行为，依据《药品管理法》、《行政许可法》、《医疗器械监督管理条例》、《政府信息公开条例》以及其他相关法律、行政法规，制定本规定。

第二条 省级以上食品药品监督管理部门应当按照本规定的要求建立药品安全"黑名单"，将因严重违反药品、医疗器械管理法律、法规、规章受到行政处罚的生产经营者及其直接负责的主管人员和其他直接责任人员（以下简称责任人员）的有关信息，通过政务网站公布，接受社会监督。

第三条 本规定所称生产经营者是指在中华人民共和国境内从事药品和医疗器械研制、生产、经营和使用的企业或者其他单位。

第四条 国家食品药品监督管理局负责全国药品安全"黑名单"管理工作，各省（区、市）食品药品监督管理部门负责本行政区域内药品安全"黑名单"管理工作。

第五条 药品安全"黑名单"应当按照依法公开、客观及时、公平公正的原则予以公布。

第六条 省级以上食品药品监督管理部门应当在其政务网站主页的醒目位置设置"药品安全'黑名单'专栏"，并由专人管理、及时更新。

国家食品药品监督管理局依照本规定将其查办的重大行政处罚案件涉及的生产经营者、责任人员在"药品安全'黑名单'专栏"中予以公布。

各省（区、市）食品药品监督管理部门在其政务网站"药品安全'黑名单'专栏"中公布本行政区域内纳入药品安全"黑名单"的生产经营者、责任人员，并报国家食品药品监督管理局。国家食品药品监督管理局"药品安全'黑名单'专栏"转载各省（区、市）食品药品监督管理部门公布的药品安全"黑名单"。

第七条 符合下列情形之一、受到行政处罚的严重违法生产经营者，应当纳入药品安全"黑名单"：

（一）生产销售假药、劣药被撤销药品批准证明文件或者被吊销《药品生产许可证》、《药品经营许可证》或《医疗机构制剂许可证》的；

（二）未取得医疗器械产品注册证书生产医疗器械，或者生产不符合国家标准、行业标准的医疗器械情节严重，或者其他生产、销售不符合法定要求医疗器械造成严重后果，被吊销医疗器械产品注册证书、《医疗器械生产企业许可证》、《医疗器械经营企业许可证》的；

（三）在申请相关行政许可过程中隐瞒有关情况、提供虚假材料的；

（四）提供虚假的证明、文件资料样品或者采取其他欺骗、贿赂等不正当手段，取得相关行政许可、批准证明文件或者其他资格的；

（五）在行政处罚案件查办过程中，伪造或者故意破坏现场，转移、隐匿、伪造或者销毁有关证据资料，以及拒绝、逃避监督检查或者拒绝提供有关情况和资料，擅自动用查封扣押物品的；

（六）因药品、医疗器械违法犯罪行为受到刑事处罚的；

（七）其他因违反法定条件、要求生产销售药品、医疗器械，导致发生重大质量安全事件的，或者具有主观故意、情节恶劣、危害严重的药品、医疗器械违法行为。

生产销售假药及生产销售劣药情节严重、受到十年内不得从事药品生产、经营活动处罚的责任人员，也应当纳入药品安全"黑名单"。

第八条 在公布药品安全"黑名单"时，对具有下列情形之一的生产经营者，应当按照行政处罚决定一并公布禁止其从事相关活动的期限：

（一）有本规定第七条第一款第（三）项情形的生产经营者，食品药品监督管理部门对其提出的行政许可申请不予受理或者不予行政许可，生产经营者在一年内不得再次申请该行政许可，但是根据《药品管理法实施条例》第七十条作出行政处罚决定的，三年内不受理其申请；

（二）有本规定第七条第一款第（四）项情形的生产经营者，食品药品监督管理部门除吊销或者撤销其许可证、批准证明文件或者其他资格外，生产经营者在三年内不得再次申请该行政许可，但是根据《药品管理法》第八十三条和《麻醉药品和精神药品管理条例》第七十五条作出行政处罚决定的，五年内不受理其申请。

符合本规定第七条第二款情形的责任人员，药品生产经营者十年内不得聘用其从事药品生产、经营活动。

第九条 对按照本规定第七条纳入药品安全"黑名单"的，国家食品药品监督管理局或者省（区、市）食品药品监督管理部门应当在行政处罚决定生效后十五个工作日内，在其政务网站上公布。国家食品药品监督管理局应当在接到省（区、市）食品药品监督管理部门上报的药品安全"黑名单"后五个工作日内，在其政务网站上予以转载。

第十条 公布事项包括违法生产经营者的名称、营业地址、法定代表人或者负责人以及本规定第七条第二款规定的责任人员的姓名、职务、身份证号码（隐去部分号码）、违法事由、行政处罚决定、公布起止日期等信息。

第十一条 在"药品安全'黑名单'专栏"中公布违法生产经营者、责任人员的期限，应当与其被采取行为限制措施的期限一致。法律、行政法规未规定行为限制措施的，公布期限为两年。期限从作出行政处罚决定之日起计算。

公布期限届满，"药品安全'黑名单'专栏"中的信息转入"药品安全'黑名单'数据库"，供社会查询。

第十二条 食品药品监督管理部门在办理药品、医疗器械相关行政许可事项时，应当对照"药品安全'黑名单'专栏"中的信息进行审查，对申请人具有本规定第八条所列情形的不予许可。

食品药品监督管理部门在监督检查中发现有违反本规定第八条的，应当及时依法予以纠正。

第十三条 对"药品安全'黑名单'专栏"中公布的违法生产经营者，食品药品监督管理部门应当记入监管档案，并采取增加检查和抽验频次、责令定期报告质量管理情况等措施，实施重点监管。

第十四条 食品药品监督管理部门除公布药品安全"黑名单"外，还应当按照《政府信息公开条例》和《国务院关于加强食品等产品安全监督管理的特别规定》的要求，建立生产经营者违法行为记录制度，对所有违法行为的情况予以记录并公布，推动社会诚信体系建设。

第十五条 食品药品监管人员违反本规定，滥用职权、徇私舞弊、玩忽职守的，由监察机关或者任免机关依法对其主要负责人、直接负责的主管人员和其他直接责任人员给予处分。

第十六条 鼓励社会组织或者个人对列入药品安全"黑名单"的单位和个人进行监督，发现有违法行为的，有权向食品药品监督管理部门举报。

第十七条 各省（区、市）食品药品监督管理部门可以根据本规定，结合本地实际制定药品安全"黑名单"管理规定实施细则。

第十八条 本规定自2012年10月1日起施行。

烟草专卖行政处罚程序规定

中华人民共和国工业和信息化部令

第12号

《烟草专卖行政处罚程序规定》已经2009年12月29日中华人民共和国工业和信息化部第8次部务会议审议通过,现予公布,自2010年5月1日起施行。国家烟草专卖局1998年9月2日公布的《烟草专卖行政处罚程序规定》(国家烟草专卖局令第3号)同时废止。

工业和信息化部部长
二〇一〇年一月二十一日

第一章 总 则

第一条 为了规范烟草专卖行政处罚的实施,保障和监督烟草专卖行政主管部门依法行政,维护国家烟草专卖制度,保护公民、法人和其他组织的合法权益,根据《中华人民共和国行政处罚法》、《中华人民共和国烟草专卖法》以及《中华人民共和国烟草专卖法实施条例》等法律、行政法规,制定本规定。

第二条 各级烟草专卖行政主管部门实施行政处罚,适用本规定。

第三条 烟草专卖行政主管部门实施行政处罚，应当遵循下列原则：

（一）与违法行为的事实、性质、情节和社会危害程度相当；

（二）主体适格、程序合法、手续完备；

（三）处罚与教育相结合，引导公民、法人和其他组织自觉守法；

（四）公平公正、公开透明，保障当事人的合法权益。

第四条 公民、法人和其他组织对烟草专卖行政主管部门给予的行政处罚，依法享有陈述、申辩的权利；对行政处罚不服的，有权依法向上一级烟草专卖行政主管部门申请行政复议或者向人民法院提起行政诉讼。

第五条 各级烟草专卖行政主管部门应当建立健全行政处罚内部监督制度，保证依法实施行政处罚。

第二章　管　辖

第六条 烟草专卖行政处罚案件由违法行为发生地的县级以上烟草专卖行政主管部门管辖。

第七条 县级烟草专卖行政主管部门管辖本辖区内发生的案件。

地市级烟草专卖行政主管部门管辖本辖区内发生的有重大影响的案件。

省、自治区、直辖市烟草专卖行政主管部门管辖本辖区内发生的重大、复杂案件。

国务院烟草专卖行政主管部门管辖在全国范围内有重大影响的案件。

第八条 对当事人的同一违法行为，两个以上烟草专卖行政主管部门都有管辖权的，由先立案的烟草专卖行政主管部门管辖；发生管辖争议的，报请共同的上一级烟草专卖行政主管部门指定管辖。

第九条　烟草专卖行政主管部门发现所查处的案件应当由其他烟草专卖行政主管部门管辖的，应当将案件移送有管辖权的烟草专卖行政主管部门。

受移送的烟草专卖行政主管部门对管辖权有异议的，应当报请共同的上一级烟草专卖行政主管部门指定管辖，不得再自行移送。

第十条　上级烟草专卖行政主管部门可以直接查处下级烟草专卖行政主管部门管辖的案件。

烟草专卖行政主管部门认为案件有重大影响的，可以报请上一级烟草专卖行政主管部门管辖。

第十一条　有管辖权的烟草专卖行政主管部门由于特殊原因不能或者不宜管辖的，由其上一级烟草专卖行政主管部门直接管辖或者指定其他烟草专卖行政主管部门管辖。

第十二条　烟草专卖行政主管部门发现所查处的案件应当由其他行政机关管辖的，应当依法移送其他行政机关。

违法行为构成犯罪的，烟草专卖行政主管部门应当将案件移送司法机关追究刑事责任，不得以行政处罚代替刑罚。

第三章　简易程序

第十三条　违法事实确凿并有法定依据，对公民处以五十元以下、对法人或者其他组织处以一千元以下罚款或者警告的行政处罚的，执法人员可以当场作出行政处罚决定。

第十四条　执法人员依法当场作出行政处罚决定前，应当主动向当事人出示省级以上烟草专卖行政主管部门签发的检查证件，并告知当事人享有陈述权和申辩权。当事人的陈述和申辩合理合法的，执法人员应当采纳。

依法当场作出行政处罚决定的，执法人员应当填写预定格式、统一编号的烟草专卖行政处罚决定书，并当场交当事人签收。

前款规定的烟草专卖行政处罚决定书应当载明当事人的基本情况、违法事实、行政处罚依据、处罚种类、罚款数额、罚款缴纳方式及期限、救济途径及期限、作出行政处罚的时间及地点、烟草专卖行政主管部门名称等内容，并由执法人员签字。

执法人员当场作出行政处罚决定的，应当在二日内报本烟草专卖行政主管部门备案。烟草专卖行政主管部门收到备案材料后，应当及时进行审核并按规定立卷归档。发现错误的，应当及时纠正。

第四章　一般程序

第一节　立　案

第十五条　烟草专卖行政主管部门应当自发现违法嫌疑或者收到举报、其他机关移送、上级机关交办的材料之日起七日内予以核查并决定是否立案；案情重大、复杂需要延长立案决定期限的，应当经本烟草专卖行政主管部门负责人批准，并书面告知当事人。

第十六条　有下列情形之一的，烟草专卖行政主管部门应当立案查处：

（一）经初步调查，掌握了一定的违法事实，应当给予行政处罚的；

（二）根据举报人提供的当事人违法事实和证据，需要立案查处的；

（三）掌握了当事人违法活动线索，且有违法嫌疑需要继续进行调查的；

（四）上级烟草专卖行政主管部门指定管辖的案件；

（五）依法应当立案查处的其他情形。

第十七条　办理立案的，应当由承办人填写立案报告表并附办案相关材料，报本烟草专卖行政主管部门负责人审核批准。烟草专卖行政主管部门负责人批准的日期为立案日期。

对正在发生的违法活动,有管辖权的烟草专卖行政主管部门应当立即查处,并在查处后七日内依法补办立案手续。

第十八条 有下列情形之一的,烟草专卖行政主管部门应当不予立案;已经立案的,应当予以撤销:

(一)违法行为超过法律规定的行政处罚时限的;

(二)不属于本机关管辖的;

(三)违法事实不成立,或者违法行为显著轻微且已改正的;

(四)法律、行政法规规定不予立案的其他情形。

不予立案或者撤销立案的,应当填写不予立案或者撤销立案报告表,报本烟草专卖行政主管部门负责人批准。属于其他行政机关管辖的案件,烟草专卖行政主管部门应当在七日内移送其他行政机关。

第十九条 对于举报或者其他机关移送的案件,烟草专卖行政主管部门决定不予立案的,应当书面告知具名的举报人或者移送机关。

烟草专卖行政主管部门应当将不予立案的情况立卷归档。

第二十条 执法人员与当事人有直接利害关系的,应当主动回避。当事人有权依法申请执法人员回避。

执法人员的回避,由本烟草专卖行政主管部门负责人决定;烟草专卖行政主管部门负责人的回避,由上一级烟草专卖行政主管部门决定。

第二节 调查取证

第二十一条 烟草专卖行政主管部门应当依法全面、客观、公正地收集、调取证据材料。

第二十二条 烟草专卖行政主管部门进行调查或者检查时,执法人员不得少于二人。

执法人员查处违法行为,应当佩戴国务院烟草专卖行政主管部门制发的徽章,出示省级以上烟草专卖行政主管部门签发的检查证件。

第二十三条　执法人员应当依法收集与案件有关的证据。证据包括以下几种：

（一）书证；

（二）物证；

（三）询问笔录；

（四）证人证言；

（五）视听资料；

（六）鉴定结论；

（七）勘验、检查笔录。

前款规定的证据应当符合法律关于证据的规定并查证属实后，方能作为认定事实的依据。

第二十四条　执法人员需要从有关单位查阅、复制与违法活动有关的合同、发票、账册、单据、记录、文件、业务函电和其他材料的，应当出示县级以上烟草专卖行政主管部门出具的协助调查函。

执法人员应当收集、调取与案件有关的原始凭证作为证据；调取原始证据确有困难的，可以将原件复印、复制、摘抄、拍照，并由原始证据持有人签字或者以其他方式确认复印件、复制件、摘抄件、照片与原件相符。

证据材料涉及国家秘密、商业秘密或者个人隐私的，烟草专卖行政主管部门及其执法人员应当予以保密。

第二十五条　提取物证应当当场清点，出具物品清单并由执法人员、当事人签字或者以其他方式确认。当事人拒绝确认或者不在场的，应当有二名以上见证人在场确认；见证人不足二名或者拒绝确认的，执法人员应当在物品清单上注明情况并签字。

第二十六条　执法人员询问当事人、证人应当单独进行，并向其说明依法享有的权利和提供伪证或者隐匿证据的法律责任。

询问笔录应当交被询问人核对；被询问人阅读有困难的，应当向其宣读。经核对无误后，由被询问人在笔录上逐页签字或者以其他方式确认。笔录有差错、遗漏的,应当允许被询问人更正或者补充,涂改部分应当由被询问人签字或者以其他方式确认;被询问人拒绝确认的,执法人员应当在笔录上注明情况并签字。

第二十七条　执法人员应当收集视听资料的原始载体。收集原始载体有困难的,可以收集复制件并注明制作方法、制作时间、制作人等情况。视听资料应当附相关话语的文字记录。

第二十八条　对涉嫌违法行为发生的现场进行检查时,执法人员应当制作检查笔录并交当事人签字或者以其他方式确认。当事人拒绝确认或者不在场的,应当有二名以上见证人在场确认;见证人不足二名或者拒绝确认的,执法人员应当在检查笔录上注明情况并签字。

第二十九条　需要对烟草专卖品的真伪等专门事项进行鉴定的,烟草专卖行政主管部门应当出具载明委托鉴定事项及相关材料的委托鉴定书,委托具有鉴定资格的鉴定机构进行鉴定。

烟草专卖品真伪的鉴定检测工作,由国务院产品质量监督管理部门或者省、自治区、直辖市人民政府产品质量监督管理部门指定的烟草质量检测机构实施。

第三十条　需要委托其他烟草专卖行政主管部门协助调查取证的,应当出具协助调查函,受委托的烟草专卖行政主管部门应当予以协助;无法协助的,应当及时函告委托部门。

第三十一条　执法人员调查取证需要邮政、电信、银行等单位予以协助、配合的,应当按照国家有关规定办理。

第三十二条　在证据可能灭失或者以后难以取得的情况下,经本烟草专卖行政主管部门负责人批准,可以依法对与涉嫌违法行为有关的证据进行先行登记保存。

烟草专卖行政主管部门先行登记保存证据,应当出具先行登记保存通知书,由执法人员、当事人签字或者以其他方式确认后,分别交当事人和本烟草专卖行政主管部门。当事人拒绝确认或者不在场的,应当有二名以上见证人在场确认;见证人不足二名或者拒绝确认的，执法人员应当在先行登记保存通知书上注明情况并签字。

先行登记保存期间，任何人不得销毁或者转移先行登记保存的证据。

第三十三条 对于依法先行登记保存的证据，应当根据情况在七日内采取下列措施：

（一）及时采取复制、拍照、录像等证据保全措施；

（二）需要鉴定的，及时送交有关机构鉴定并告知当事人所需时间；

（三）依法应当移送其他有关部门处理的，作出移送决定并书面告知当事人；

（四）违法事实不成立或者违法行为轻微，依法可以不予行政处罚的，决定解除先行登记保存措施并告知当事人。

第三十四条 执法人员在调查过程中发现立案事由以外的涉嫌违法行为的，应当及时报请本烟草专卖行政主管部门负责人决定是否对该涉嫌违法行为一并进行调查。

第三十五条 调查取证应当自批准立案之日起三十日内终结。案情重大、复杂需要延长调查取证期限的，应当经本烟草专卖行政主管部门负责人批准，并书面告知当事人。

第三十六条 调查终结的，执法人员应当提交案件处理审批表。案件处理审批表包括当事人的基本情况、经调查核实的事实和证据、对涉嫌违法行为的定性意见、处理建议及其法律依据等内容。

第三节 审查和决定

第三十七条 烟草专卖行政主管部门的专卖执法机构在将案件处理审批表报送本部门负责人审查决定前，应当先由本部门法制工作机构或者专职法制工作人员对涉嫌违法行为的定性意见、处理建议及其法律依据进行合法性审查并签署意见。

第三十八条 烟草专卖行政主管部门负责人应当对案件处理审

批表及法制工作机构或者专职法制工作人员的意见进行综合审查，依法作出是否给予行政处罚等决定。对于拟移送司法机关的案件，烟草专卖行政主管部门负责人应当在三日内作出批准移送或者不批准移送的决定。

案情重大、复杂的案件，应当由烟草专卖行政主管部门负责人集体讨论决定。

第三十九条　烟草专卖行政主管部门应当根据案件的不同情况，分别作出下列决定：

（一）确有应受行政处罚的违法行为的，依法作出相应的行政处罚决定；

（二）违法行为轻微，依法可以不予行政处罚的，不予行政处罚；

（三）违法事实不成立的，决定不予行政处罚并撤销立案；

（四）违法行为涉嫌犯罪的，依法移送司法机关处理。

第四十条　烟草专卖行政主管部门在作出行政处罚决定前，应当告知当事人拟作出行政处罚的事实、理由、依据和处罚内容，并告知其依法享有陈述权、申辩权和行使陈述权、申辩权的期限。

口头告知当事人的，应当将告知情况记入笔录并由当事人签字或以其他方式确认；书面告知当事人的，应当按照本规定第四十三条向当事人送达告知书。

第四十一条　当事人在规定期限内进行陈述、申辩的，烟草专卖行政主管部门应当充分听取当事人的意见，对当事人提出的事实、理由和证据进行复核；当事人提出的事实、理由或者证据成立的，烟草专卖行政主管部门应当采纳。

烟草专卖行政主管部门不得因当事人陈述、申辩而加重处罚。

第四十二条　烟草专卖行政主管部门实施行政处罚，应当制作行政处罚决定书。行政处罚决定书应当载明下列事项：

（一）当事人的姓名或者名称、地址等基本情况；

（二）违反法律、法规或者规章的事实和证据；

（三）行政处罚的种类和依据；

（四）行政处罚的履行方式和期限；

（五）不服行政处罚决定，申请行政复议或者提起行政诉讼的途径和期限；

（六）作出行政处罚决定的烟草专卖行政主管部门的名称和日期。

行政处罚决定书应当加盖作出行政处罚决定的烟草专卖行政主管部门的印章。

第四十三条　烟草专卖行政处罚决定书应当在宣告后当场交付当事人；当事人不在场的，烟草专卖行政主管部门应当在七日内按照下列方式送达当事人：

（一）直接送达当事人的，由当事人或其同住成年家属在送达回证上注明收到日期并签字、盖章或者以其他方式确认。当事人或其同住成年家属在送达回证上注明的签收日期为送达日期；

（二）直接送达时，受送达人或其同住成年家属拒绝接收送达文书的，依法适用留置送达；

（三）直接送达有困难的，可以委托当地烟草专卖行政主管部门代为送达，或者通过邮寄方式送达。邮寄送达的，以回执上注明的收件日期为送达日期；

（四）受送达人下落不明或采取本条第（一）项、第（二）项、第（三）项规定的方式无法送达的，可以公告送达。烟草专卖行政主管部门可以在其所在地公开发行的报纸上予以公告，也可以在受送达人原住所地或者烟草专卖行政主管部门的公告栏张贴公告。烟草专卖行政主管部门设有向社会公众开放的网站的，可以同时在网站上公告。公告送达的，自公告发布之日起经过六十日即视为送达。

第五章　听证程序

第四十四条　烟草专卖行政主管部门在作出下列行政处罚决定之前，应当告知当事人有要求举行听证的权利：

（一）一万元以上的罚款；
（二）没收较大数额的违法所得或者违法烟草专卖品；
（三）责令停产、停业，责令关闭；
（四）取消从事烟草专卖业务的资格。

省级烟草专卖行政主管部门可以结合本地实际，调整和确定本行政区域内罚款、没收违法所得或者违法烟草专卖品的听证数额标准，报国务院烟草专卖行政主管部门批准后施行。

第四十五条 烟草专卖行政主管部门不得因当事人要求听证而加重处罚。

当事人不承担烟草专卖行政主管部门组织听证的费用。

第四十六条 当事人依照本规定第四十四条要求举行听证的，应当在烟草专卖行政主管部门告知权利后三日内提出申请。

当事人可以通过书面或者口头方式提出听证申请。口头申请的，烟草专卖行政主管部门应当当场记录申请人的基本情况、申请听证的主要理由以及申请时间等内容，并由当事人签字或者以其他方式确认。

第四十七条 听证应当公开举行，允许公众旁听，但涉及国家秘密、商业秘密或者个人隐私的案件除外。

第四十八条 烟草专卖行政主管部门应当在举行听证七日前，将听证时间、听证地点书面通知当事人并同时报告上一级烟草专卖行政主管部门。

第四十九条 当事人可以亲自参加听证，也可以委托一至二人代理。

第五十条 听证主持人由烟草专卖行政主管部门指定。听证主持人应当符合下列条件：
（一）非本案的执法人员；
（二）非本规定第二十条规定应当回避的人员。

主持人不符合前款规定条件的，应当主动回避。当事人认为主持人与本案有直接利害关系的，有权申请其回避。

第五十一条 听证按照下列程序进行：

（一）主持人查明到场的当事人或者其他参加听证人员的身份，说明案由，告知当事人的权利、义务，宣布会场纪律，询问当事人是否申请主持人回避，宣布听证开始；

（二）由执法人员指出当事人违法的事实，出示有关证据，提出处罚建议和依据；

（三）当事人进行陈述和申辩；

（四）有第三人的，由第三人进行陈述和申辩；

（五）执法人员与当事人相互辩论、质证；

（六）当事人进行最后陈述、申辩；

（七）有第三人的，由第三人进行最后陈述；

（八）执法人员进行最后陈述；

（九）主持人宣布听证结束。

听证应当制作笔录并由主持人、记录人签字。听证笔录交当事人审核无误后签字或者以其他方式确认；当事人拒绝确认的，主持人应当注明情况并签字。

第六章　行政处罚的执行

第五十二条 行政处罚决定作出后，当事人应当在规定的期限内全面履行。

到期不缴纳罚款的，烟草专卖行政主管部门可以每日按罚款数额的百分之三加处罚款。

第五十三条 依法取消企业或者个人从事烟草专卖业务资格的，原发证机关应当及时收回烟草专卖许可证并依法办理烟草专卖许可注销手续；因客观原因无法收回的，原发证机关应当注明情况，依法注销烟草专卖许可并向社会公告。

第五十四条 当事人对烟草专卖行政主管部门作出的行政处罚决定不服的，可以自接到行政处罚决定书之日起六十日内，向其上一级烟草专卖行政主管部门申请复议；当事人也可以自接到行政处罚决定书之日起十五日内直接向人民法院提起行政诉讼。

行政复议或者行政诉讼期间，除法律另有规定外，不停止烟草专卖行政处罚决定的执行。

第五十五条　当事人逾期既不申请行政复议，也不向人民法院提起行政诉讼，又不履行行政处罚决定的，作出行政处罚决定的烟草专卖行政主管部门可以申请人民法院强制执行。

第五十六条　当事人逾期既不对复议机关维持行政处罚的行政复议决定提起行政诉讼，又不履行行政复议决定的，由最初作出行政处罚的烟草专卖行政主管部门申请人民法院强制执行。

第五十七条　当事人逾期既不对复议机关变更行政处罚的行政复议决定提起行政诉讼，又不履行行政复议决定的，由复议机关申请人民法院强制执行。

第五十八条　对于依法查获的烟草专卖品，自烟草专卖行政主管部门采取张贴通告、发布公告等措施之日起三十日内无法找到当事人的，经本烟草专卖行政主管部门负责人批准，可以采取变卖等处理措施，变卖款上缴国库。

第五十九条　依法查获的霉坏变质的烟草制品不得上市流通。烟草专卖行政主管部门采取销毁等处理措施的，应当符合国家有关规定，并经上一级烟草专卖行政主管部门批准。

第六十条　除依照《中华人民共和国行政处罚法》第四十七条、第四十八条的规定当场收缴的罚款外，作出行政处罚决定的烟草专卖行政主管部门及其执法人员不得自行收缴罚款。

罚没款及没收物品的变卖款应当全部上缴国库，任何单位和个人不得截留、私分或者变相私分。

第七章　执法监督

第六十一条　上级烟草专卖行政主管部门的法制工作机构或者

专职法制工作人员应当定期对下级烟草专卖行政主管部门办理的行政处罚案件进行案卷评查。对评查中发现的问题,应当及时指出。

第六十二条　上级烟草专卖行政主管部门有权对下级烟草专卖行政主管部门依本规定作出的行政处理决定重新进行审查。

上级烟草专卖行政主管部门发现下级烟草专卖行政主管部门的行政处理决定确有错误的,有权变更、撤销该决定,或者责令下级烟草专卖行政主管部门重新作出处理决定。

第六十三条　对于上级烟草专卖行政主管部门作出的纠正决定,下级烟草专卖行政主管部门应当遵照执行并及时上报执行情况。

第六十四条　烟草专卖行政主管部门的法制工作机构或者专职法制工作人员可以对本部门专卖执法机构办理行政处罚案件的合法性进行监督。

第八章　法律责任

第六十五条　烟草专卖行政主管部门实施行政处罚,有下列情形之一的,由上级烟草专卖行政主管部门责令改正,可以对直接负责的主管人员和其他直接责任人员依法给予行政处分:

(一)没有法定的行政处罚依据的;

(二)擅自变更行政处罚种类、幅度的;

(三)违反法定的行政处罚程序的;

(四)违法委托其他单位或者个人实施行政处罚的。

第六十六条　烟草专卖行政主管部门违反本规定自行收缴罚款的,由上级烟草专卖行政主管部门责令改正,对直接负责的主管人员和其他直接责任人员依法给予行政处分。

第六十七条　烟草专卖行政主管部门截留、私分或者变相私分罚款、变卖款、没收的违法所得或者烟草专卖品的,对直接负责的主管人员和其他直接责任人员依法给予行政处分;构成犯罪的,依法追究刑事责任。

执法人员利用职务上的便利，索取或者收受他人财物、将收缴的罚款据为己有，构成犯罪的，依法追究刑事责任；不构成犯罪的，依法给予行政处分。

第六十八条 烟草专卖行政主管部门违法实施检查等执法措施，给公民人身或者财产造成损害、给法人或者其他组织造成损失的，应当依法予以赔偿；对直接负责的主管人员和其他直接责任人员依法给予行政处分；构成犯罪的，依法追究刑事责任。

第六十九条 烟草专卖行政主管部门对应当依法移送司法机关追究刑事责任的案件不移送，以行政处罚代替刑罚的，由上级烟草专卖行政主管部门责令改正；拒不改正的，对直接负责的主管人员给予行政处分；徇私舞弊、包庇纵容违法行为构成犯罪的，依法追究刑事责任。

第七十条 执法人员玩忽职守，对应当予以制止和处罚的违法行为不予制止、处罚，致使公共利益或者公民、法人或者其他组织的合法权益受到损害的，对直接负责的主管人员和其他直接责任人员依法给予行政处分；构成犯罪的，依法追究刑事责任。

第九章 附 则

第七十一条 烟草专卖行政主管部门采取收购违法收购的烟叶、违法运输的烟草专卖品等行政执法措施的，参照本规定执行。

第七十二条 本规定中的期间以时、日、月计算，期间开始之时或者日不计算在内。期间不包括在途时间。期间届满的最后一日为法定节假日的，以节假日后的第一日为期间届满的日期。

第七十三条 本规定中的"以上"、"内"、"前"均包括本数或本级。

第七十四条 烟草专卖行政主管部门应当建立健全行政处罚案

件档案管理制度,依法及时制作、收集、整理并妥善保存有关涉案材料。移交、借阅、调用涉案材料应当按照档案管理要求办理相应的手续。

第七十五条　本规定由国务院烟草专卖行政主管部门负责解释。

第七十六条　本规定自2010年5月1日起施行。1998年9月2日公布的《烟草专卖行政处罚程序规定》(国家烟草专卖局令第3号)同时废止。

附 录

涉案卷烟价格管理规定

国家烟草专卖局关于印发涉案卷烟价格管理规定的通知

各省级局（公司）：

为贯彻落实《最高人民法院 最高人民检察院关于办理非法生产、销售烟草专卖品等刑事案件具体应用法律若干问题的解释》（法释〔2010〕7号）要求，现将修订后的《涉案卷烟价格管理规定》印发给你们，请认真执行并将执行中出现的问题及时报国家局。同时，2006年1月19日印发的《烟草专卖执法过程中涉案卷烟价格管理暂行规定》（国烟计〔2006〕67号）废止，2007年9月24日印发的《罚没卷烟管理办法（试行）》（国烟专〔2007〕413号）中有关涉案卷烟价格管理的规定废止。

2016年4月2日

第一章 总 则

第一条 根据《中华人民共和国烟草专卖法》及其实施条例、《中华人民共和国行政处罚法》、《中华人民共和国拍卖法》以及《最高人民法院、最高人民检察院关于办理非法生产、销售烟草专卖品等刑事案件具体应用法律若干问题的解释》及其他有关法律法规，现制订《涉案卷烟价格管理规定》（以下简称《规定》）。

第二条 本规定所指涉案卷烟（含雪茄烟，下同）包括：各级烟草专卖局或其他执法机关依法查获的真品卷烟和假冒伪劣卷烟。

涉案卷烟价格管理包括涉案卷烟价格证明、收购价格、拍卖价格、销售价格和管理监督等内容。

第三条 国家烟草专卖局价格职能管理部门负责全国烟草专卖执法过程中涉案卷烟价格管理工作。各省级烟草专卖局须成立由价格主管部门牵头，专卖、销售、财务、法规等有关部门参加的涉案卷烟价格管理小组，负责本省（区、市）涉案卷烟价格管理工作。

第二章 涉案卷烟的价格证明

第四条 涉案卷烟的价格证明按以下标准确定：

（一）可查清品牌规格的：

1. 在查获地由国家烟草专卖局核准的省级烟草专卖局在销卷烟价格目录内（包括国产和进口，下同）的卷烟，由查获地的省级局按照本省（区、市）零售指导价格出具价格证明。

2. 在查获地由国家烟草专卖局核准的省级烟草专卖局在销卷烟价格目录之外、但在全国在销卷烟价格目录内的卷烟，由查获地的省级烟草专卖局在该品牌（规格）的全国统一批发价格基础上，按10%的批零毛利率推算零售价格并出具证明。

（二）无法查清品牌规格的：

由查获地的省级烟草专卖局在本省（区、市）上一年度在销卷烟价格目录内卷烟的平均批发价格的基础上，按10%的批零毛利率推算零售价格并出具证明。

第三章 涉案真品卷烟的收购、拍卖价格

第五条 经有关烟草质量检测机构鉴定为真品，须依法收购的

在销卷烟价格目录内卷烟，商业企业收购价格（含税）按目录内对应全国统一批发价格的70%计算。

第六条 须依法收购的卷烟，如果有包装破损等情况，可以酌情降低收购价格，但不得低于全国统一批发价格的50%。

第七条 涉案真品卷烟的拍卖保留价，由省级烟草质检、价格管理部门和委托人协商确定。

第四章 涉案真品卷烟的销售价格

第八条 卷烟商业企业依法收购、拍得的涉案真品卷烟，须按全国统一批发价格销售。如有包装破损或滞销等情况，参照《国家烟草专卖局印发〈关于进一步规范卷烟价格行为的暂行规定〉的通知》国烟计〔2005〕415号）包装破损或滞销卷烟有关规定确定销售价格。

第五章 管理监督

第九条 对需作报废处理的涉案真品卷烟，由质检部门出具鉴定意见后，按有关规定进行报废处理。

第十条 各省级烟草专卖局要根据本规定，制订涉案卷烟价格管理小组管理规则，明确职能部门的有关权限和职责。各省级局销售、法规和财务部门，在履行涉案卷烟价格管理小组成员职责的同时，对于涉案卷烟的价格证明出具、拍卖保留价的确定、报废处理等程序、依据和结果要进行全程监督。

第十一条 国家烟草专卖局在行业卷烟价格管理分析系统上建立涉案卷烟价格管理信息模块，对涉案卷烟价格信息进行管理，各省级烟草专卖局要按时做好每月的涉案卷烟数据信息上报工作。

第十二条 各省级烟草专卖局要严格遵守上述规定，将涉案卷烟价格纳入本省价格管理工作中，定期进行监督检查。

第六章　附　则

第十三条　本规定由国家烟草专卖局负责解释。

第十四条　本规定自印发之日起施行。2006年1月19日印发的《烟草专卖执法过程中涉案卷烟价格管理暂行规定》（国烟计〔2006〕67号）同时废止；2007年9月24日印发的《罚没卷烟管理办法（试行）》（国烟专〔2007〕413号）中有关涉案卷烟价格管理的规定同时废止。